アジア・エートス研究会

その四十年の軌跡

アジア・エートス研究会

得度式(スリランカ・ホラナの寺院にて、1980 年)

寺院で村びとから歓迎を受ける調査メンバー(スリランカ、1980 年)

寺院で行なわれている仏教日曜学校(スリランカ、1980 年)

子どもが牛を追い脱穀作業(スリランカ・ウーラーポラ村にて、1980 年)

中部ルソンの村を往く村上公敏さんと大野拓司さん(フィリピン、1973 年)

マレーシアの水田の田植風景(マレーシア・ケダーにて、1965 年)

(左上)ジャワ農村の結婚式(インドネシア、スチャン集落にて、1974 年)
(上) 結婚式もてなし準備、台所風景 (同)
(左) 結婚式でスピーチする前田先生 (同)

(下) 1970 年代バリ農村のワルン (アンガバヤ集落にて、1975 年)
(右) 1990 年代バリ農村の小売商店 (同、1996 年)

(下)スチャン集落へ入る道(左は 1974 年、右は 1996 年に同じ場所を撮影)

バリの農家に見られるサンガとよばれる屋敷寺（アンガバヤ集落にて、1997 年）

バリのカトリック集落で見られた聖母マリアとキリスト（バリ島にて、1999 年）

（上）1990 年代に入ってオープンしたスーパーマーケット（インドネシア・ジョクジャカルタにて、1996 年）

（左）古くから見られる街路上での商い（ジョクジャカルタにて、1996 年）

研究仲間に囲まれて（名古屋にて、1998 年）

一九六〇年代終り頃の研究会メンバー（名工大にて、一九六五年）
前列左より　伊藤、池田、寺田、赤沢
後列左より　永井、戸谷、佐藤、前田、村上、近藤、石井（敬称略）

「文化摩擦」シンポジウム
報告前夜の打合せ
（大磯プリンス・ホテルにて、1978 年 12 月）

はしがき――アジア・エートス研究会の意義

前田惠學

学問研究する者にとっての喜びは、研究史に残る仕事をすることである。しかしその仕事は、必ず後の人に追いつかれ追い越される。追いつかれるまでの生命が長ければ長い程、その仕事が大きかったことになるであろう。

アジア・エートス研究会は、今回四十年にわたるその幕を閉じる。学問研究のためには、どんどん研究が進んで、早く追いつかれ、追い越されていくのが望ましい。しかし私には、この四十年にわたって積み上げてきた成果が、必ずしも追いつかれたとは思えない。まだ立派に生きている。これからもこのまま、生きていくのではないかという気がする。このことは学問研究にとっては不幸であるかも知れないが、私たちの本音を言えば、実は嬉しいのである。そんな簡単に追い越されては、たまらない。

もし追い越される時が来て、過去のものとなったとしても、研究史に残っていくはずである。残念なことは、日本人は過去のことを忘れ易いことである。中国や韓国から、「過去のことを忘れずに仲良くしましょう」と言われても、日本人は「過去のことは水に流して」というのが国民性である。「忘却とは忘れ去ることなり」という迷言が、もてはやされてきた所以である。それ故学問の伝統が作りにくい。今日の大学改革は、学問の伝統を取り壊している。新しい伝統は、出来上がっていない。時代が変わったと言うべきか。時代が変わっても、アジア・エートス研究会の築き上げてきた業績は、しっかり残していきたい。これが本書の編まれた理由である。

それにしても、アジア・エートス研究会は、実にユニークな研究組織であり、その仕事に参加できたことは楽しい思い出となった。私はその最初に近い頃から参加したが、会長の池田長三郎先生亡きあと、名目上のみその責任を果たしてきた。実質上研究会の理論的構想と運営に当たられたのは戸谷修先生であるが、ここで戸谷先生はじめ、会員として協力していただいたすべての方々に御礼を申し上げるのが、せめてもの私の責任ということになるであろう。すでに亡くなられた方も数多い。会員の先生方の変動については、戸谷先生が逐一報告して下さっている。謝辞を重ねて、ここに「はしがき」とする。

■目次

アジア・エートス研究会——その四十年の軌跡

アジア・エートス研究会四十年の歩み

戸谷　修

一　研究会にとってのアジアとアジア的エートス（アジア的価値）

私の手許にあるアジア・エートス研究会のもっとも古い記録として、一九六四年一月に作成された『アジア地域における民族的エートスの研究――概要報告』（pp. 115）がある。この冊子は一九六三（昭和三八）年度文部省科研費（総合研究）の研究成果報告書として作成されたものである。この冊子によれば、一九六三年六月九日、第三十回エートス研究会（総合科研の第一回の総会）で、そのときの会長、池田長三郎先生は「アジア地域における民族的エートスの研究を三年越しで、ようやく軌道にのせることができるようになり、本年六月に総合科研費百二十万円の交付が内定した。今日は、今後の研究の進め方について詳細に討議し、決定したい」と述べられ、あいさつをされている。アジア・エートス研究会と名称を変えたこの第一回の総会が、それ以前に行なってきたエートス研究会の第三十回の会合であるから、アジア・エートス研究会が設立されるかなり以前から、倫理学、教育学を専門とする先生方によって研究会が行なわれていたことになる。アジア・エートス研究会以前の研究会は西欧の近代思想と近代諸制度とを受容することによって、日本人の伝統的エートスがどのように変化していったかを究明することを目標としていたようである。しかし、この研究を進めていくうちに、アジア諸国の近代化との関連で日本の近代化を考えていくことの必要性を痛感し、社会科学の研究者も含めてアジア諸地域の比較研究を行ない、それによって日本の近代化を見直そうと企てるようになったという。

そのような意味で、われわれの研究会は、厳密にいうならば、アジア諸地域の民族的エートスを明らかにしようとしてスタートした研究組織であって、「アジア的エートス」を探求するために集まっていたものではない。この点は、アジア・エートス研究会の四十年間の歩みとその成果をみるならば明らかになることである。しかし、「アジア的エートス」はわれわれの研究会が直接その解明を意図したものではないにせよ、研究会設立当初から「アジア的エートス」を意識しながら活動しようとしてきたことも事実である。

メンバーの間で、「アジア・エートス」がどのように考えられていたかを述べる前に、まず、欧米先進諸国の人文・社会科学の領域で「アジア」がどのように考えられていたかを簡単にふれておこう。ヘーゲルの歴史哲学における停滞の帝国としての中国論、マルクスの発展段階論において想定されたアジア社会論、マックス・ヴェーバーの資本主義精神の欠如した社会としてのアジア論、ウィット・フォーゲルの東洋的専制主義論などにみられるアジアは、いずれもヨーロッパ近代に比べると、きわめて否定的な評価しか与えられていないものとして概念化されている。そして、このようなアジア社会では、専制主義的国家の基底には発展の契機を全く持っていない村落共同体が根強く存在しており、そのためにアジアは外からの強制によってしか開化されない、きわめて停滞したものとして描かれている。第二次世界大戦後の一時期、著しく重視されたロストウの近代化論も、そうした延長線上でつくりあげられた理論であったといえよう。そこでは、欧米先進社会で普遍的とみられたモデルを尺度として、アジア諸地域に当てはめ、そのズレを測り、そのズレを近代化論に裏付けされた経済開発によって埋めていこうとするものであった。

以上のことからいえることは、ヨーロッパ近代にとって「アジア」とは、とりわけ第二次世界大戦前まで顕著にみられたものであるが、特定のアジアを指すのではなく、むしろ非西欧という意味で使用されていたといえる。この点について、良知力氏は『向う岸からの世界史』（未来社、一九七八年）において「アジア」ということばを的確に解説している。「人間の暮らしが自然のなかにまだとけこんでいて、人間が自然の束縛や制限から抜け出せないでいる。だから、まだ彼は専制君主のもとで、またその官僚制のもとで奴隷として過ごすか、家父長制的共同体で没個性的に暮らすか、どちらかだ。こうしてそこでは再生産構造も自足的ではあっても、まったく停滞的だ——こういうモデル社会が『アジア的』ということばのなかみだった」と。ここには近代ヨーロッパの人びとが「アジア」ということばを言うとき、それは地理的アジアと部分的には重なり合いながらも、本質的には価値的なものの観念にかかわったものとして理解されていたことがわかる。以上のことからいえることは「アジア」という概念は「欧米」的近代に対応する受け身概念であって、「欧米」的近代が普遍性を主張する中で作りあげられてきたものであったといえる。

しかし、われわれのようにアジア諸地域で現地調査をしてきたものであれば、「アジア」が一体として存在し、まとまった実態があるとは誰も考えていない。アジアと呼ばれている地域は、生態環境、民族、言語、宗教どれ一つとっても実に多様である。

また、先にも述べたように「欧米」的近代の人びとは、豊かで先進的な「欧米」と対称的に貧しくて停滞的な「アジア」という枠組で世界を考えていたが、一九八〇年代以降アジアに部分的にせよ、めざましい経済発展が次々と出現してくると、かつてのように停滞的で静止状態だけで語られるアジアではなくなり、従来のアジアのイメージは否定されていかざるを得なかった。一九八〇年代以降の香港、シンガポール、台湾、韓国などのアジアNIES、それに続いてタイ、マレーシアなどアセアンの国々、中国の各地域の高い経済成長とダイナミックな活力のあるアジア諸地域の躍進ぶりは、欧米人にとって、貧しくて停滞的なアジアという近代以降のアジア像を崩しはじめたのである。

以上のことを確認したうえで、地域研究の観点から、この多様で広大な範域のアジアをいくつかにグルーピングしなければならないとするならば、どのようにすればよいだろうか。いくらか以前のものであるが、田村実造氏が『アジア史を考える』という著書において四つの地域群に区分しているが、私はこの区分に二つの点について留保したうえで賛成である。「複雑なアジアの歴史を構成し、支える主要な柱としてつぎの四つの歴史世界が考えられると思う。その四つの世界とは、⑴中国を軸心とする東アジア歴史世界、⑵その北に接する北アジア歴史世界、⑶南のインド歴史世界、⑷インド歴史世界の西方に隣りする……西アジア歴史世界であるが、これら四つの歴史世界が柱となり……互いに交渉し、からみ合ってアジアの歴史を織り成しているのである」という区分である。私の留保した点の一つは、現代世界では東アジア歴史世界の中に含まれている日本をどのように扱ったらよいか、もう一つはインド歴史世界の中に含みこまれてきた東南アジアは一九八〇年代以降、近代化に成功したアセアンとして結束をより深めている地域であるが、この東南アジア地域をどのように位置づけておくかという点である。『文明の衝突』（一九九六年）を著わして注目されているS・ハンチントンも、この点を二十一世紀の問題としてきわめて重視している。以上はわれわれの研究会の名称につけられている「アジア」について簡単に整理しておいたものである。

ところで、「アジア・エートス」ないしは「アジア的価値」はどのように考えておけばよいだろうか。この点については、ネルーは「アジアなどというまとまったものはどこにもないが『アジア的感情』というものがあることは間違いない」と述べている。この指摘はきわめて興味深い。また、同じようなことを多くのアジアの指導者たちも語っている。ではは果たして、アジア的エートスないしはアジア的価値は把握されるものだろうか。実際に現地調査に出て、それぞれの地域の村を訪れて村びとにインタヴューするならば、「ジャワのエートス」や「バリのエートス」は確かめられるし、「マレー人のエートス」は明らかにすることが出来る。これらはいずれもわれわれが伝統的エートスと呼んできたものである。これは「人種ないし民族としての共同社会の成員によって通常無自覚的に遵守されているところの、ある特定の行為の仕方、思考の仕方、および価値づけの仕方」(『アジア近代化の研究』p. i) とわれわれが定義づけてきたものである。それぞれの地域で観察されるエートスは部分的には重なるものも多い。これらを総称して「アジア的エートス」と呼んでよいものかどうか、われわれにはためらいがある。もっとも、それは、われわれ調査者がそれぞれの地域にみられる一見異なった価値ないしエートスの現れているものの中に潜む共通のものに気づいていないからかも知れない。たとえば、ジャワの村の集会では或ることを決めるさい、多数決方式を採らずムシャワラ(話し合い)方式によるムファカト(相互一致)というやり方で行なわれる場合が多い。彼らの間で、なんらかの利害の対立が生じた場合、話し合いを通して互いに妥協し合い、角を立てないで事態を丸く収めていく。彼らはこうした行為をルクンと呼んでいるが、こうした行為は呼び名は異なるが東南アジアの諸地域にみられるものである。このような事例に出会いながら、各地域の調査を行なってい るのであるが、これがアジア諸地域に共通にみられるアジア的エートスだといえるものを十分確認するには至っていない。

しかしながら、「アジア的エートス」ないしは「アジア的価値」ということばには実態がどうであれ、このことばには「欧米」的価値とそれに基づく世界像に全世界が塗りつぶされていくことに対する疑義を強く投げかけたことばであったことは確かである。それゆえ、アジアの優れたリーダーたちは、カウンター・バリューとしてのアジア的価値ないしはアジア的エートスをあえて提示しているのではないかと考える。そこにはカウンター・バリューをバネとして「欧米」的価値に塗りつぶされてはならないという想いが込められている。抵抗に徹したこうした考え方は、少なくとも貧しくて停滞していた「アジア」が実態として存在した一九七〇年代までについては、確かに妥当するものと思う。

したがって、これは岡倉天心の「アジアは一つ」という有名なことばにも通ずるものがある。アジア諸地域をよく旅したといわれる彼が、アジア諸地域はみな同じだとは決して考えていたわけではない。彼が「アジアは一つ」ということばを前面に押し出し、多くの人びとがそれに共鳴しえたのは、アジア諸地域が欧米列強にふみにじられ、欧米列強の植民地支配がアジアにおいてもっとも苛酷に行なわれた、いわばアジア最大の受難の時代であったことを想起すればよくわかる。実際にはばらばらになっている屈辱のアジア諸地域ではあるが、その屈辱を跳ね返し、植民地支配から脱却していくためには、多様でばらばらなアジア諸地域が共通の状況におかれているという認識の下に一つになって結束し、欧米列強の支配に当たっていこうとする熱い想いが「アジアは一つ」ということばの中には込められているように思われる。私は一九七〇年代頃まで提示されていた「アジア的エートス」ないしは「アジア的価値」を以上のように考えてきた。それは「欧米」的価値によって圧殺されてしまいそうな状況にたいして異を立てた表明でもあった。

ところが、一九八〇年代以降、先にも述べたように東アジアやアセアン諸地域などが、さらに続いて中国各地が著しい経済成長を遂げ、活力をもった地域として評価されはじめると、その発展の原動力となったと考えられる、それらの地域に共通にみられるエートスないしは価値意識が重視されるようになり、それが欧米とは異なった発展の様相を規定するものだという考えが指導層から強調されるようになってきた。この時点で提唱されるアジア的価値はかつてのように受け身のものではなく、きわめて能動的なものである。もともと欧米的な価値枠組が、産業革命の成功によってもたらされた歴史的所産の反映したものであると考えるならば、アジアそのものが大きく転換期を迎えようとしている中で、アジア諸地域のリーダーたちが発展した諸地域に内在する固有の論理と倫理に基礎づけられた価値を提唱することは当然のことといえよう。これが一九八〇年代以降、アジアの政治的リーダーたちによって盛んに称揚されているアジア的価値である。マハティールやリー・クァンユーなどが提唱するアジア的価値はその典型的なものといえよう。ここではマハティールが語っているアジア的価値を一事例として示しておこう。「アジアの価値観が他の価値観に取って代わるべきだとか、他の地域を支配すべきだと考えたこともない。私がこれまでアジアの価値観を擁護してきたことは欧米の価値観が必ずしも悪いという意味ではない。私はさまざまな価値観には共通した重なり合う部分が多いと信じている。同様に異なる民族や国民の間には価値観の相違点が存在するのは当然である。自分たちの価値観と異なるからといって抹殺することは言語道断である。西洋以外の価値観が、たとえどんなに不快なもの、もしくは優れたものであったとしても西欧人はもっと心を開いて異なる価値観が平和裡に共存する可能性について熟考してみるべきである。……アジアの価値観とは、いったいどのようなものであろうか。アジアの国々はそれぞれが異なった歴史的・宗教的背景を持っている。……こうした明白な違いはあるにせよ、ほとんどのアジア人が行動の規範とする共通の価値や信条体系が存在することも事実である。このようにアジア人が共有している価値観は、『西欧的』と呼ばれる価値観があるように『アジア的』と呼ぶことが出来よう。……まず、アジアの価値観はコミュニティと家族をベースにしている。個人の絶対的自由を享受する権利よりも家族やコミュニティのニーズや利益を優先する。個人としての権利を主張する前に、家族やコミュニティに対する責任を果たそうとする。一方、西欧の価値観は明らかに個人の権利を強調する。……」(マハティール『日本再生・アジア新生』たちばな出版、一九九九年)。

以上はマハティールの語るアジア的価値についてその一部分を引用したものであるが、この段階になると、アジア的価値は一九七〇年代以前唱えられていたアジア的エートスないしはアジア的価値とは内容は同じものであるにせよ、このことばに込められた政治的リーダーたちの想いは自信に満ち、戦前のリーダーたちとはきわめて異なったものである。

また、「欧米」的価値を支えてきた欧米先進社会では一九七〇年代後半以降、とりわけ顕著になってきたことであるが、経済発展に伴う環境破壊、貧富の格差の激化、温かい人間性の喪失など、さまざまな諸矛盾が一斉に噴き出し、「欧米」的価値自体に強い疑念があらわれ、その威信は著しく失墜してきた。こうした中で、かつて欧米社会のあり方を人類社会全体の望ましい方向へのモデルと考えてきた単線型発展の理論は完全に崩れつつあるといえよう。このことは自らの文化や価値観だけを基準にして、他の文化や価値観を評価するという驕り高ぶってきた「知の帝国主義」の時代が終りを告げようとしていることを意味する。それだけに、アジア的価値観ないしアジア的エートスに寄せられる期待は大きい。現代は民衆の内発的エネルギーを最大限に活用しなければならない時代であるから、政治的リーダーたちが提唱している「アジア的価値」を一般民衆に浸透させ、彼らを喚起させるためには、このような抽象的なことばでは民衆の心の琴線に触れることはできない。したがって、具体的には、それぞれの民衆の中に生きていて、彼らのアイデンティティをより強固なものにする諸宗教が表舞台に表出せざるを得ない。このような意味では、アジア的エートスは南のインド歴史世界では上座仏教が強く信奉されている地域ならば「仏教的エートス」として顕在化するだろうし、また、ヒンドゥー教が圧倒的なところでは、ヒンドゥー的エートス」が鮮明にあらわれることになる。また、インドの西方に位置するアラブ諸国やその他イスラム教国では「イスラム的エートス」が彼らの連帯をより強めるものとしてあらわれる。さらに、中華文明の影響を色濃く受けている諸地域では「儒教的エートス」が重要な役割を担うことになろう。アジア諸地域には多様なエートスないしは価値観が共生し、アジア的エートスないしはアジア的価値を実質的に担うのである。

以上はアジアはどのように概念化されて今日に至っているか、また「アジア的エートス」ないしは「アジア的価値」はどのように考えられるのか、誤りを恐れず私見を述べたものである。

これらのことについて、アジア・エートス研究会では当初からメンバーすべてのものが共有する確固とした統一の見解を持ち合わせてはいなかった。大まかに述べるならば、研究会の中には、アジアはヨーロッパと対比するならば、きわめて異質な世界であり、そこには共通した「ものの考え方」なり「行動様式」がみられるのではないかという見解と、アジアは実に多様であり、それぞれの地域には独自の価値意識ないしエートスが存在し、近代化を推進していく際には、それぞれの地域の伝統的価値意識ないしはエートスを生かしながら進めていかなければならないという見解などが、入り混じりあって主張されていたように思われる。しかし、どのような考え方をとるにせよ、二十世紀後半以降のアジア諸地域は「欧米」的近代とは異なった発展の道を重視しなければならないという共通の認識が研究会のメンバーにはあったと思う。

二　マレーシア・セイロン海外調査のころ

確か、私は一九六三年の暮れ頃、或る先生から池田長三郎先生に紹介され、アジア・エートス研究会に入れていただいた。当時、私はその研究会ではもっとも若く、社会学を専門としているものは私ひとりだった。名称を変えた第一回アジア・エートス研究会では毎月第一日曜日には総会を、第三土曜日には分科会を開くことが決められていた。分科会には近代化、宗教意識、教育、指導層の研究という四つのグループがつくられていた。研究会のメンバーは、それぞれ限りない夢を持っていたように思う。一九六三（昭三八）年十一月十七日に開かれた第六回総会では、研究会が海外調査をする場合、どんなことを考えていかなければならないかの示唆を得るため、浅井恵倫先生と赤沢正敏先生とをアジア経済研究所所長の東畑精一先生、民主教育協会会長の蠟山政道先生、国際文化会館館長の松本重治先生のところへ派遣することを決め、着々と海外調査の準備を始めた。現地調査費の調達については、第七回総会が同年十二月二十三日に開かれ、アメリカのアジア財団から海外調査費をいただくよう申請書を提出することになった。私たちの研究会を推薦していただいたのは東畑先生、蠟山先生だった。また、この頃から調査対象地域をマレーシアとセイロン（一九七二年、スリランカに国名を変える）に絞り、文献収集をしはじめたと記憶している。そして、一九六四年一月十日、第八回総会が開かれ、赤沢先生からアジア財団へ提出する現地調査のプランが説明され、いくらかの修正をして申請書を提出している。

一九六四年八月二日に開かれた第十五回総会で赤沢先生から、アジア財団より申請通りの現地調査費が交付されるようになったという報告があり、同年十二月六日の第二十回総会で、現地調査を行なうメンバー、調査日程など、すべてを完成させた海外調査計画書が承認されている。

アジア・エートス研究会が初めて行なう海外調査をマレーシア、セイロンの両地域とした理由はつぎの通りであった。

(1) マレーシアの宗教は、いくらか変容しているにせよイスラム教である。イスラム教はアラブやアジアの新興諸国のナショナリズムにおいて大きな役割を演じている。マレーシアの近代化にとってイスラム教が果たしている役割を正確に理解することはアジア諸地域の近代化を知る事例として重要である。また、セイロンは上座仏教の国であり、この上座仏教の特徴ならびにその宗教が近代化に果たす役割を知ることは、日本の大乗仏教の果たした役割と比較するうえでも大切なことである。

(2) マレーシアとセイロンとは、複合民族国家であり、いずれも強固なコミュナリズムを内包している。それゆえ、これを克服しないかぎり、両国は近代化を達成しえないが、この克服は従来の西欧社会で構築されたナショナリズム理論では解くことはできない。こ

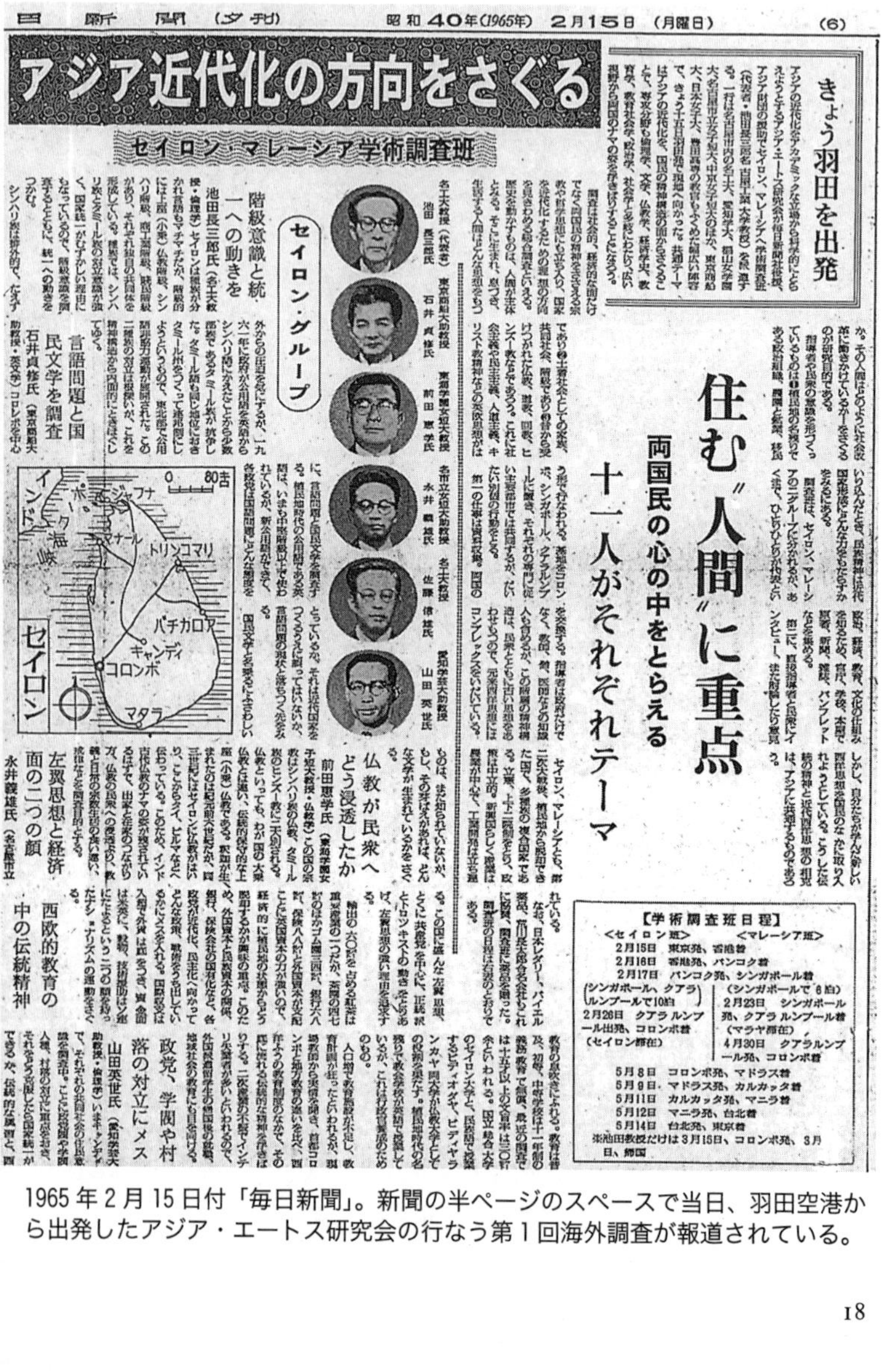

日新聞（夕刊）　昭和40年（1965年）2月15日（月曜日）　（6）

アジア近代化の方向をさぐる

セイロン・マレーシア学術調査班

きょう羽田を出発

住む"人間"に重点

両国民の心の中をとらえる

十一人がそれぞれテーマ

セイロン・グループ

名工大教授（代表者）池田長三郎氏

東京商船大助教授 石井貞修氏

東海学園女短大教授 前田恵学氏

名市立女短大助教授 永井義雄氏

名工大教授 佐藤倖雄氏

愛知学芸大助教授 山田英世氏

階級意識と統一への動き

池田長三郎氏（名工大教授・倫理学）

言語問題と国民文学を調査

石井貞修氏（東京商船大助教授・英文学）

仏教が民衆へどう浸透したか

前田恵学氏（東海学園女短大教授・仏教学）

左翼思想と経済面の二つの顔

永井義雄氏（名市立女短大）

西欧的教育の中の伝統精神

政党、学閥や村落の対立にメス

山田英世氏（愛知学芸大助教授・倫理学）

【学術調査班日程】

＜セイロン班＞　＜マレーシア班＞

2月15日　東京発、香港着

2月16日　香港発、バンコク着

2月17日　バンコク発、シンガポール着

（シンガポール、クアラルンプールで10泊）

2月26日　クアラルンプール出発、コロンボ着

（セイロン滞在）

（シンガポールで6泊）

2月23日　シンガポール発、クアラルンプール着

（マラヤ滞在）

4月30日　クアラルンプール発、コロンボ着

5月8日　コロンボ発、マドラス着

5月9日　マドラス発、カルカッタ着

5月11日　カルカッタ発、マニラ着

5月12日　マニラ発、台北着

5月14日　台北発、東京着

※池田教授だけは3月15日、コロンボ発、3月日、帰国

1965年2月15日付「毎日新聞」。新聞の半ページのスペースで当日、羽田空港から出発したアジア・エートス研究会の行なう第1回海外調査が報道されている。

の点で、両国の近代化は新しいナショナリズム理論を必要としており、それがいかなるものでなければならないかを検討することはきわめて重要なことである。

(3) 両国とも農業国であり、そこでの伝統的農業の主なものは、稲作である。したがって、その国民の大部分を占める農民の伝統的エートスは主として水田稲作によって規定されているとみることができる。この点で、日本人の伝統的エートスとどの点で類似性があり、どの点で異質性がみられるかを明らかにすることは、興味ある問題である。

(4) 両国とも比較的小国である。したがって、三カ月間という限られた期間しか調査を行なえないわれわれにとっては、もっとも適当なところである。

この調査では両地域いずれも現地調査は一九六五年二月から三カ月間行なった。また、調査メンバーは、セイロン班が池田長三郎、前田惠學、佐藤信雄、石井貞修、永井義雄の五名の先生、マレーシア班が伊藤忠好、亀山健吉、寺田文市、村上公敏、戸谷修の五名であった。なお、同時期、山田英世先生が文部省在外研究員としてセイロンで研究に携わっておられ、セイロン班に加わられたので、研究会は総力をあげて第一回の海外調査に立ち向かったといえる。また、この調査では、三菱重工、毎日新聞社、丸善から数々のご支援をいただいた。

研究会が現地調査で目指したもの

第一回の海外調査の目的は、研究会がアジア諸地域の近代化をどのように捉えようとするのかということであり、その後も研究会が一貫して追究してきた研究課題でもあったので、いくらか詳しく述べておきたい。

第二次世界大戦後のわが国の東南アジア研究は、戦時中の研究があまりにも東南アジア諸地域への軍事的侵出と深く関わってきたこともあり、欧米の東南アジア研究にくらべると著しく立ちおくれて出発した。その出発の最初の動きは戦後の日本が賠償支払いを梃子として東南アジア諸国にわが国の経済市場を確保するため、現地の情勢を把握していこうという動機と深く関連していた。まず、一九五〇年代についていえば、この時期には、わが国の研究者が現地調査を踏まえて行なった東南アジア研究は殆どなく、大部分は欧米で研究調査された主な成果を翻訳したり、それぞれの国が作成した政治・経済の概況を紹介するに終始していた時期であった。しかし、一九五七（昭三二）年の秋、岸首相が戦後初めて東南アジア諸国を訪問した頃から、当地域においては賠償後の経済協力問題が大きくクローズ・アップされ、その過程でわが国の東南アジア研究の気運は著しく高まった。アジア経済研究所が若い優秀な研究者を結集し設立され、アジア諸地域の文献収集のほかに、当該地域の現地調査を積極的に行なうとともに、発展途上国研究の人材育成に取り組み始めたのもその頃からであった。

ところで、戦後の東南アジア研究の次の段階である一九六〇年代は、われわれの研究組織が東南アジア研究に関わり始めた時期である。この頃になると、漸く現地調査に裏付けされたわが国の東南アジア研究が推進されるようになった。一九六〇年代の初め頃は、日本政府は海外調査に研究費を充分に投入しえるほどの経済力のある国ではなかったので、東南アジア地域の研究はアメリカの財団などの資金援助によって行なわれるものが多かった。われわ

三名日本學者昨日參觀本報，與本報總經理兼總編輯施祖賢合影，左起：村上公敏，戶谷修，永井義雄，施祖賢。

三名日本人文學者談
亞洲重大問題之一
如何從我們亞洲人觀點使亞洲各國臻於現代化

昨日參觀本報留下深刻印象

三名研究人文與社會科學的日本學者，已於日前抵達新加坡，研究本地的民風。

此三人是日本中京女子大學的講師戶谷修，名古屋女子大學的副教授永井義順，以及日本愛知縣一家工藝大學的政治學講師村上公敏，他們是代表亞洲民俗研究學會，該學會主要是由名古屋一帶的日本大學教授與學者組成。

該三人曾於昨日訪問本報，對本報之設備留下深刻之印象，在新加坡期間，他們將拜會新加坡政府與各政黨領袖，訪問南洋大學與新加坡大學，他們將在二十三日離開新加坡。

他們對記者說，目前亞洲所面對的重大問題之一，是如何從我們亞洲人的觀點使亞洲各國現代化，亞洲人本身有責任，在自己的社會與經濟的組織裏面，尋找使其現代化的方法，他們不能僅靠着歐洲學者的意見與幫助，同時也應接受自己的困難，尋找本身的途徑。

他們認為一國的民俗，反映了這一國人的特有的思想，行為，由於它的建立是由來已久，因此它的社會成員自然而然地遵守它，它甚至可以說是代表了民族的性格。

他們進一步說，無可疑問地，亞洲領袖們的精神結構是頗為複雜的，他們不僅具有一般人的傳統的精神，同時又要向人民灌輸他們自西方思想中吸收過來的價值觀念，東西方文明的撞擊，是現代世界史上最重要的事件之一，東方在這種影響下走向現代化的過程，是值得研究的，這不止是在社會結構的改變上，就是在亞洲人精神態度的轉換方面也是一樣，不過像這一類的研究，在人文學及在社會科學上，尚沒有人去從事過。

1965 年 2 月 21 日「南洋商報」（シンガポール）。左から村上、戸谷、永井と南洋商報編集長の施祖賢氏

れの研究組織もそうであった。しかし、当時はベトナム戦争が始まり出した時でもあり、アメリカの財団から研究費を得て、東南アジア研究を行なうものに対しては、わが国の知識人の一部からは「アメリカのアジア政策に加担するもの」として厳しい批判にさらされたものだった。

この時期になると、発展途上国の現実を無視して構築された一九五〇年代の生産力中心主義の欧米モデルの近代化論が批判され始めた。そして、それに加えて発展途上国近代化の主要課題も、一九五〇年代の中心課題であった政治的独立の問題から、一九六〇年代になるとその独立を確かなものにするための経済的自立の課題へと大きく移行した。それに伴い、それぞれの民族の内発性が重視されてきたこともあって、東南アジア研究は一九五〇年代の頃とは著しく異なった様相を呈し、興味深い多くの問題を提示するようになってきた。とりわけ、アメリカはロストウの近

代化論にみられるように自国流の近代化政策を発展途上国に強引に押しつけていたが、その政策が発展途上国の経済開発の過程で挫折し、さらには途上国の若い知的リーダーたちから欧米理論の借り物でない、その国独自の発展の道が模索され始めると、それぞれの国にとって、より適合的な近代化政策を推し進めるためには、それぞれの民族の内発的エネルギーを発掘する作業を重視しなければならないという気運が抬頭してきていた。アジア・エートス研究会は設立の当初から、この点を提示してきたこともあって、当時としては、それなりに高い評価を得ていたものだった。当時われわれは東南アジアの近代化にとって、それぞれの民族のもつ内発性を規定づけている伝統的価値意識の果たす役割を非常に重要であると考えており、こうした視点から東南アジアの近代化の動きを考えようとしていた。こうした考え方は、現在では当たり前のこととして殆どの研究者が認めるようになっているが、当時としてはわれわれの研究会はこの点で先駆的な役割を果たしていたといえよう。

現地調査の研究成果

調査から帰国して、それぞれが分担した原稿を持ち寄って、中間報告を重ねながら、『アジア近代化の研究——精神構造を中心にして——』と題した研究書を御茶の水書房から一九六九年三月刊行した。この編著では、「マレーシア・セイロンの近代化シンポジウム」を行なった際のそのシンポジウムをそのまま「結びに代えて」として編著に掲載している。マレーシアとセイロンの近代化を研究しはじめてからこの研究成果を刊行するまでに数年間かかったが、この研究でわれわれが到達した認識は、マレーシアやセイロンのような複合民族国家の近代化にとって最大の障害になっているものはコミュナリズムに基づく内部対立であり、この対立をいかに解消させるかに両国の近代化の成否はかかっているということであった。アジアの近代化という現代史の生々しい問題に直面することによって、われわれの一人ひとりが従来の学問のあり方について深い反省を強いられたことは確かであった。収穫といえば、このことがわれわれの最大の収穫であったかもしれない。発展途上国の近代化は「近代的」な学問のあり方をその根底から問いただしている、というのがわれわれの感じた最も痛切な印象であったといえよう。ふりかえってみると、この当時は、まだ戦後の東南アジア研究がスタートを切ったばかりの時で、まさに東南アジア研究の「夜明け」の時期であった。当地域の研究成果の積み重ねも少なかっただけに、われわれのような若い研究者でも思い切ったことが発言できた時代であったように思う。

この作業を終えて一息ついたのも束の間、一九七〇年二月、研究会の理論的リーダーの一人であった赤沢正敏先生が四十八歳という若さで亡くなった。赤沢先生を失ったことは研究会にとって大きな打撃であった。当時、研究会は会長、池田長三郎先生以下三十名のメンバーを擁する東海地域におけるアジアを研究対象とする人文・社会科学系の唯一の研究組織であった。また、この研究集団は海外調査など多額の研究調査費を必要とするものにとって、大型の科研費やさまざまな財団からの研究費を確保する重要な役割を当時果たしていた。一九七〇年初め頃に作成した研究会のメンバーの名簿によれば、その約半数は、今は亡き方々であるが、懐かしい方々の名前が記載されている。

池田長三郎（名工大）、内木健夫（中京女子大）、実野利久（名工大）、山田英世（愛教大）、北川秀則（名大）、田浦武雄（名大）、久保久次（名工大）、寺田文市（岡崎女子短大）、花田礼次郎（向陽高）、宮田菱道（愛教大）、前田惠學（東海学園女子短大）、浅井恵倫（南山大）、石井貞修（東京商船大）、伊藤忠好（愛教大）、佐藤信雄（名工大）、西川知雄（三重大）、林霊法（東海学園女子短大）、藤原猶華（名市大）、近藤　功（愛教大）、布川清司（愛教大）、将積　茂（愛教大）、佐藤俊夫（東大）、亀山健吉（日本女子大）、久野　昭（アジア大）、赤沢正敏（愛教大）、戸谷　修（愛知女子大）、永井義雄（金沢大）、水野　元（愛教大）、村上公敏（桃山学院大）、野原敏雄（中京大）

三　インドネシア・フィリピン海外調査のころ

マレーシアとセイロンの調査研究を一応終えた一九七一年なかば頃から、研究会は設立当初からの計画であったアジア地域での比較研究をより進めるため、研究対象をインドネシアとフィリピンに拡げ、現地調査の準備にとりかかった。一九七一年八月、池田長三郎先生の「エートスの見地よりみたインドネシアとフィリピン」と題した月例研究報告を皮切りにインドネシアとフィリピンに集中した研究報告を重ねていくと同時に、インドネシア、フィリピンそれぞれの調査チームをつくり、調査計画を深めていった。インドネシアとフィリピンの現地調査は前回の現地調査の延長線上の理論的枠組で行なったものであるが、前回のマレーシア、セイロンの現地調査に比べれば、視点をより明確にしての研究調査であった。両国の調査をする際の視点は以下の通りであった。

(1)　西欧化パターンに則して追究される近代化ではなく、アジア諸地域の独自の近代化とはどのようなものであるかを明らかにする。

(2)　アジア諸地域の近代化が独自な性格のものであるならば、その近代化を独自なものとさせている伝統的価値意識を把握することは重要なこととなる。現地調査では、伝統的価値意識のいかなる側面が近代化にポジティブに作用していくかを明らかにする。

(3) 先述の課題を究明するためには、伝統的価値意識が鋭く作用する村落社会に調査の焦点を絞り、そこにみられるその社会独自の構造と機能、宗教意識、共同体のあり方を把握する。

調査対象地域の選定と調査メンバー

ところで、両国はいずれも多数の島々からなり、そのうえ言語、生活慣習、宗教も地域ごとに著しく異なっている国である。したがって、どの地域を調査対象地にするかが重要な問題となった。そのため、現地調査の一年前、村上さんと戸谷が予備調査も兼ねて両国へ出向した（戸谷は日本経済研究奨励財団の研究費で出向）。帰国して検討した結果、インドネシアでは中部ジャワの村落とバリ島の村落に絞ることにした。中部ジャワの村落のほかにバリの村落を選んだのは、イスラム教徒が圧倒的に多いインドネシアの中で、ヒンドゥ教を信奉している地域であったからである。現地調査では、中部ジャワの村落としてジョクジャカルタの近郊農村であるトリハルジョ村スチャン集落とボコハルジョ村ガタック集落を調査対象の事例として選んだ（両集落は実際の行政区分ではジョクジャカルタ特別州である）。また、バリではクシマン郡プナティ村アンガバヤ集落を事例として選んだ。

また、フィリピンでは中部ルソンのタルラック州ヴィクトリア地域、ヴィサヤのイロイロ市郊外のサンタ・バルバラ地域など四地域を事例として調査を行なった。

フィリピン調査グループでは、そのチーム・リーダー池田長三郎先生が歴史的風土を、村上公敏さんが社会意識を、山田英世先生が生活慣習の分野を担当した。その三名のほか、フィリピン大学アジア研究センターに籍をおいていた大野拓司さん（現朝日新聞シドニー支局長）が共同研究者として加わり、フィリピン大学ルネ・メンドーサ氏が現地研究者として協力してくださった。また、インドネシア調査グループはチーム・リーダー前田惠學先生が宗教を、布川清司さんが生活慣習を、戸谷修が社会・経済の分野を担当し調査を行なった。そのほか、共同研究者としてガジャマダ大学のイドリス氏、ジョハール氏が調査の際には協力してくださった。

現地調査までの準備と調査の過程

この海外調査は一九七三年度文部省科研費（海外調査）で調査を行なった。一九七四年三月、申請しておいた科研費の交付内定が文部省から伝えられ、インドネシア、フィリピン両調査グループとも相手国の政府受け入れ機関に対し、折衝に入った。当時、東南アジア諸国の政府から調査ビザの交付を受けることは非常に難しかったが、その許可が予定通り下りたフィリピン調査グループは一九七四年七月に現地に出発した。インドネシア調査グループは調査ビザの交付がかなり遅れたため、一九七四年十二月から現地に入った。

インドネシア調査グループについていえば、十二月九日ジャカルタに入り、直ちにLIPI、警察本部、内務省などに出向き、それぞれから調査許可証を得る手続きに入った。ジャカルタですべての機関から調査許可証の交付を受け、直ちにジョクジャカルタへ飛んだ。ここで二カ月近く調査するので、マリオボロ通りに面するムティアラホテルの山小屋のような旧館に落着き、早速、ガジャマダ大学の共同研究者に連絡をとり、彼らから調査協力の快諾を得、また、トヨタ自動車のご好意でトヨタ・アストラモーターズから提供された運転手付きのマイクロバスで調査をすることになった。ジョクジャカルタへ入ってからも、ジョクジャカルタ特別州の知事をはじめ村長さんにいたるまで各行政レベルの承諾を得て始めなければならなかった。インドネシアは、軍事独裁下にあったため、外国研究者の調査を厳しくチェックしていたからである。われわれの調査では幸いなことに村びとたちが、とても好意的に調査に協力してくれたので、ありがたかった。スレマン地域での調査を終えると、直ちにバリに移った。バリではアリットさんの経営する民宿を利用した。夕食には前田先生、布川さんと私の三人で馬車に乗って町まで出たことを懐かしく思い出す。三十年経った今、かつては、あたり一面水田が拡がっていたアリットさんの民宿も、その後の観光開発によってデンパサールの人口増加に伴い、いまでは街の真中になってしまっている。バリ島では、オランダタさんのアドバイスでプナティ村アンガバヤ集落を調査対象地とした。いま、ふりかえってみると、インドネシア調査は調査許可が難航したため、とても無理をしての強行軍であった。お互いにまだ若かったから出来た調査だったと思う。調査を終えて再びジャカルタへ戻り、LIPIに調査終了の報告書を提出し、インドネシアでお世話になったインドネシア大使の須之部量三さん、トヨタアストラモーターズ社長の神尾秀雄さんなど、幾人かの方々へお別れのごあいさつをして一九七五年二月帰国した。

また、フィリピン調査グループについていえば、インドネシア調査に先立つ七月十一日、マニラに到着、直ちに調査の具体的細目について現地側の共同研究者たちと打合せ、調査の進め方などについて協議し、調査地に入った。約一カ月間、中部ルソンのヴィクトリア町において二十六のバリオで詳細な聞き取り調査を行なった。この調査ではフィリピン大学教授のR・E・メンドーサ氏、アレグレ博士、大野拓司さんなどの協力をえて進められた。また、そのあと、八月八日からは約一週間、イロイロ市郊外のいくつかのバリオで、バリオ・キャプテンをインフォーマントとしての聞き取り調査を行なっている。また、その調査のあと、ミンダナオ島北西部のザンボアンガ、ダバオの郊外に移り、そこで、当地域と中部ルソンのヴィクトリア地域との比較を念頭において、中部ルソン地域で行なったと同じインタヴュー調査を行なった。最後に再びマニラに戻り、現地調査の結果をフィリピン大学の共同研究者たちと協議し、フィリピンでお世話になった方々へのごあいさつをして八月三十一日帰国した。

調査総括とその成果の刊行

帰国したあと、調査メンバーは直ちに調査総括にとりかかった。一九七四年度から文部省科研費で海外調査を行なった場合には、その翌年、調査総括のための科研費を受けることが出来るように制度が改正されたからである。そのため、一九七五年四月、インドネシア、フィリピン海外調査の実績報告書を作成し、文部省へ提出するとともに、調査総括のため科研費申請を行なった。申請経費の主なものはインドネシアとフィリピンから共同研究者をそれぞれ一名ずつ調査総括に加わってもらうため、日本へ招くに必要な費用と英文調査報告書作成費であった。調査総括のための科研費の交付通知があったので、インドネシア調査チームはガジャマダ大学のイドリス教授を八月下旬から二週間、名古屋へ招き、数回の共同討議を行ない、所定の目的を果たした。その期間中、イドリス教授は喜多広行さんの計らいで名古屋の各界で講演を行なったが、アジア・エートス研究会で行なった講演は『アジア時報』一九七五年十二月号に掲載されている。また、フィリピン調査チームはフィリピン大学のクユガン教授を招いて、インドネシア調査チームが行なったと同じようなことを行なった。彼らと何回かの討議を重ねたうえ、その成果を "*Traditional Ethos and Asian Modernization—Indonesia and the Philippines*" と題した英文報告書を作成し、インドネシアとフィリピンの大学研究機関、政府機関などに送付した。この英文の調査報告書を作成したのは、一つには両国からの研究者たちに批評を受け、研究成果を充実したものにしたいということ、もう一つには日本の研究者は現地調査を行なっても、その成果を現地に送ってこないという悪評が東南アジア諸国で高まっていたこともあって、わが国の調査に対する批判に報いておく必要があると考えたからであった。

英文調査報告書を作成し、引き続いて直ちに、和文の調査報告書の作成にとりかかった。その年（一九七五）の十一月までに超スピードで原稿を完成させなければならなかった。そのさい、後学のことも考えて、両国の詳細な年表を付けることにし、その作成には、研究会の若いメンバーである神谷信明さんと槻木瑞生さんにやってもらった。十一月に原稿の完成を決めたのは、その年の十二月には完全原稿を添えて文部省刊行助成費の申請を行なわなければならなかったからであった。そしてその翌年（一九七六）四月、刊行助成費交付内定を受け、前田先生の計らいで、山喜房佛書林から一九七八年三月、『アジアの近代化における伝統的価値意識の研究——インドネシアとフィリピンの村落調査を中心に——』と題した重厚な研究報告書を刊行した。この書物はすばらしい出来映えのものとなったが、それは、前田先生のご尽力によってのものであった。このとき、私は周到に進められていく前田先生のやり方を傍らで見習って、書物はどのようにつくっていくのか、その書物のつくり方も学んだものだった。この時期、わが国の東南アジア研究では、それぞれの社会の構造的特質に迫る村落社会を対象にした優れた研究成果がもっとも開花していた頃だったように思う。

四　特定研究「文化摩擦」のころ

一九七〇年代の終り頃、わが国では文部省の科研費で特定研究「アジアにおける文化摩擦」（代表者：衛藤瀋吉）という大型プロジェクトが行なわれた。この特定研究にアジア・エートス研究会も、わが国の十七研究チームの一つとしてこのプロジェクトに加わった。「文化の違いといった視角からみると、人種の偏見、思考様式や行動様式の相違などが政治的案件や経済的案件をいたずらに紛糾させている事件が世界史上数多く存在する。欧米先進諸国とイスラム世界との厳しい対立も、こうした文化摩擦として捉えることが出来るし、西欧列強と中国や日本との間にもいままでこうした現象がみられた。異質な文化が接触したとき生起する紛争を文化摩擦といいたい」と衛藤先生は文化摩擦を定義づけ、この問題に関心のあるわが国のさまざまな分野の研究者を組織して大規模なプロジェクトを企画された。一九七七年度、文部省の特定研究として取りあげられ、最終的には十七チーム、延べ百六十名の研究者によって行なわれたものであった。

アジア・エートス研究会は、このプロジェクトにその第二年目の一九七八年から参加し、

1978年12月15日～17日にかけて、大磯プリンス・ホテルで行なわれた第2回文化摩擦シンポジウム。

一九七九年に終了した。文部省が人文・社会科学系のプロジェクトに三億円という巨額の研究費を投入して、この文化摩擦を特定研究に指定したのは、当時わが国にはこの問題を究明しなければならない社会的背景があったからである。円高傾向が深まる中で、わが国の多くの企業が生産拠点を東南アジアや東アジアへ移動させ、現地でさまざまなトラブルを生んでいたことが最も大きな理由であった。

このプロジェクトでは、アジア・エートス研究会は研究対象地域をかつて現地調査を行なった諸地域と日本本土のみに限定し、これらの諸地域にみられる文化の伝播と摩擦を近代化との関連で追究した。

われわれがこのプロジェクトで追究しようとした点はつぎの二つの側面であった。その一つは、自国と他国との文化摩擦についてであったが、われわれは自国内において古くからみられる伝統的価値意識と新しく導入された西欧思想との相克、在来の伝統的宗教と外来宗教との摩擦なども視野に入れて取り組んだ。

もう一つは、われわれが現地調査を行なった地域のすべてが複合民族国家であったことから、特に関心を強く持ったことであるが、自国内における異なった人種または種族間の摩擦・対立についての問題であった。

このプロジェクトにおける研究会のメンバーのうち、最終年次のわれわれ研究班の共同研究者は池田長三郎、前田惠學、佐藤信雄、戸谷　修、赤池憲昭、後藤宏行、村上公敏、重松伸司、槻木瑞生、神谷信明、山本郁郎、黒柳晴夫、吉原和男の十三名であった。なお、前年度では永井義雄さんも加わっていたが、最終年次にはイギリスへ研究に行かれたため、加わっていただくことが出来なかった。

また、特定研究「文化摩擦」に加わっていた二年間に、われわれの研究班から、赤池憲昭さんが「フィリピンにおける宗教事情とフィリピン人の文化的アイデンティティの関連について」の調査でフィリピンに出向され、精緻な調査を行なった。また、山本郁郎さんと黒柳晴夫さんは中部ジャワ、バリで調査を行ない、その成果を『中部ジャワおよびバリ農村における社会変動と象徴システム』と題したすぐれた報告書を作成した。彼らにとっては初めての海外調査であったが両人ともよくやったものだと思う。なお、戸谷修、重松伸司、石川賢作、吉原和男さんの四名は在沖縄中国系住民に対し、インタヴュー調査を実施し、その聞き取りをまとめ、『在沖縄中国系住民の生活意識――文化摩擦の視点から』を刊行した。

アジア・エートス研究会は、特定研究「文化摩擦」のプロジェクトに加わった二年間、共同研究をともにすることのできた全国の他の研究班のそれぞれの領域で著名な先生方から実に多くのものを学んだ。とりわけ、大磯のプリンスホテルで開かれた第二回のシンポジウムでの各研究班との研究交流は、われわれが若い研究者を多くかかえていただけに、非常に貴重なものであり、きわめて有意義なものであった。前田先生とともに、この特定研究の代表打合せ会議のため、東大駒場の事務局へ何回か足を運んだことを思い出す。われわれが特定研究「文化摩擦」で二年間行なった研究の成果は一九八二（昭和五七）年度文部省科研費「研究成果刊行費」を受け、『叢書・アジアにおける文化摩擦』の一冊として、『アジアの近代化と伝統文化』と題して巌南堂書店から刊行している。

五　「発展途上国における社会変動と教育」プロジェクトのころ

研究会は引き続いて、研究会の中に一部のメンバーで「発展途上国における社会変動と教育の比較研究」というプロジェクトをつくり、そのための研究体制を組織した。このプロジェクトに一九八〇年から三年間、かなりの額の文部省科研費を受けたことも幸いなことであった。

このプロジェクトでは、研究会がかつて現地調査を行なってきたマレーシア、シンガポール、スリランカ、インドネシア、フィリピンの五カ国を事例として、発展途上国が直面している教育の諸問題を社会変動との関連で考察しようとしたものであった。事例とした国々は、いずれも独自な教育政策をそれぞれ推進していたが、比較研究という観点から、いずれの国についても共通して明らかにしようと考えた項目は、経済発展の中で学校制度がどのように変わってきたかということ、急激な社会変動に伴って、それぞれの時期にどのような教育政策が打ち出されているかを明らかにすることであった。とりわけ、このプロジェクトで重視したことは、発展途上国は植民地支配から脱却したことや独立して三十年以上も経っていることなどで、無償教育の徹底化、就学率、識字率、学校数の増加など、いわば教育の近代化の指標とされる面で、確かに統計数字の上ではめざましい躍進がみられるものの、果たして当該国の教育の成果を、その統計上の数字だけで云々することが出来るかどうかを具体的に検討することだった。

というのは一つには、当時の発展途上国の場合、欧米先進諸国で開発された教材なり、教育のシステムをそのまま導入し模倣しただけのものが圧倒的に多く、民衆が抱いている伝統的な考え方なり生活意識との関連を熟慮したうえで現場の教育が進められていなかったからである。そのため、いわゆる教育の近代化の指標としてあげられている無償教育の進行状況、就学率、識字率、科学・技術教育の深化、高等教育の進展などが、数字のうえでは向上しているにもかかわらず、実際に教育の実績が民衆に根付いているかどうかということになると、そのギャップはかなり大きいと考えていたからであった。

またもう一つは、われわれが対象とした発展途上国はいずれも複合民族国家であったから、独立後の教育政策が国民的統合に充分に機能しているかどうかに疑問をもっていたからであった。

ところで、アジア・エートス研究会で過去、約二十年間追究してきたことは、東南アジア諸国の近代化を伝統的価値意識との関連で考察してきたことだった。それゆえ、非常に重要な問題であるとは考えながら、教育の問題については今まで殆ど手をつけてこず残したままになっていた。そのため、一つのプロジェクトをつくって、近代化の中で、それぞれの国がどのように国民意識を形成させているのか、また近代化の中でどのように人間をつくり変えようとしているのかという広い意味での教育の諸問題を明らかにしようとしたのであった。そこで、教育学を専門としてる研究会のメンバーのほかに、社会学、政治学、宗教学、経済学、文化人類学を専攻しているものがそれぞれ加わって、学際的に当該地域の研究に当たったのである。このプロジェクトは三年間行なわれたが、最後の年であった一九八二年秋には、日本教育社会学会第三十四回大会が広島大学で行なわれ、われわれの研究グループも筑波大学、広島大学のグループと共に、国際研究部会を構成し、研究報告を行なった。いま、ふりかえってみると、研究会の若いメンバーが多かったこのプロジェクトで、それぞれが精一杯の研究報告をして会場をもりあげ活躍したのも忘れられない思い出となっている。

このプロジェクトの研究成果は、共同研究者全体のものとしては『発展途上国における社会変動と教育の比較研究』と題した報告書を一九八三年に刊行している。国連統計にはみられないそれぞれの国の詳細な教育統計を多く掲載したこの報告書は現在でも発展途上国の教育を研究している方々から役立っていると聞く。また、上記のプロジェクトの研究成果のうえにたって、一九八六年には『東南アジアの社会変動と教育』を「第一法規」から刊行した。この出版にあたっては、かつてのプロジェクトのメンバーのほかに、バングラディシュを母国とするサイエド・M・ムサトザ（倉沢宰）さん、二年間スリランカに滞在され、当地の教育に精通されていた上田はるさんにも執筆に加わっていただいた。東南アジア地域の教育についてまとまった書物が少なかっただけに、

複合民族の問題点を浮き彫り

『東南アジアの社会変動と教育』を執筆した戸谷修さん㊨と石川賢作さん

アジア・エートス研究会がこの春、著した『東南アジアの社会変動と教育』（第一法規出版刊）は、発展途上国が直面している教育の諸問題を社会変動との関連で解明。欧米先進国の教育システム模倣の近代化や、複合民族国家ならではの問題点が浮き彫りにされており興味深い。

執筆者の一人、三重大教授・戸谷修さん(五七)＝愛知県知立市昭和＝は、同書の特徴について「単に学校教育だけでなく、言語・宗教教育の現況や、教育が国民の意識改革で果たす役割にも目を向けた」点を強調する。

例えば、戸谷さんが担当したマレーシアの場合。「マレー人、華人、インド人がおり、職業や住む地域も異なる典型的な多民族国家なんですが、政府はマレー語の国語化を強力に推進。マレー人以外にさまざまな不利益が生じ、問題化しているんですね。そうした視点から教育の矛盾を探ってみました」

また、シンガポールについて愛知学泉大教授・石川賢作さん(五七)は「ここではマレー語が憲法上の国語なんですが、実際の生活では英語が国語化。そのため中国人の大部分は中国語を学ぶ機会も少なく、自分たちの民族文化を守れなくなるといった危機感も生まれている」と指摘する。

いずれも、政府や国の方針が教育界にストレートに持ち込まれたため生じた問題点。こうした角度からメスを入れた東南アジア研究はまだ少なく、同書は貴重な資料となりそうだ。（尋）

1986年7月31日「中日新聞」。研究会の編著紹介。

この刊行は一定の役割を果たしたと思う。

六　四十年間の研究会をふりかえって思うこと

一九七〇年代の後半以降、若い研究者が研究会に多く加わるようになって、研究会の顔ぶれもすっかり変わってきた。その一人ひとりについてみると、いまでは、かつて若かった彼らも中堅の年齢層になり、それぞれの研究分野ですばらしい業績をあげている。また、彼らはそれぞれの所属する大学において、今や中核的な役割を大学運営でも担っており、新しい時代の大学へと変貌しつつあるそれぞれのところで大きな期待をよせられる方々となって活躍している。七十歳を越え、大学から離れた私にとって、とてもよろこばしいことである。しかし、多忙の渦中に入ってしまっている中堅の研究者を思うとき、一抹の危惧の念をいだかざるをえない。かつて、われわれが海外調査を計画して、三カ月間程度、ともに共同調査で海外へ出たような状況は現在の大学にはなくなってしまったし、そのようなことが許されるような大学ではなくなってしまっているからである。このことは、われわれの研究会だけにみられることではなく、わが国全体の大学についても、多かれ少なかれ、あてはまることではないかと思う。こうした状況で、果たして生きたアジア研究が日本で推進されるであろうか憂慮せざるをえない。

ところで、研究会を閉じるに当たって、四十年の長い歩みをふりかえってみるとき、さまざまな思いが去来する。その一つに、一九八〇年代後半以降、徐々にではあるが、われわれの研究会にも深刻な状況があらわれていたように思われる。この点はその頃から、かつてのように、現地調査のような大規模なプロジェクトを推進することが出来なくなっていることからも推察される。これには、さまざまな理由があげられるが、思いつくままに、そのいくつかを挙げて締め括っておきたい。

(1) まず一つには、一九八〇年代のなかば頃まで、お元気であった研究会会長の池田先生がその頃から体調を崩され、かつて研究会を強力に引っ張ってこられた気力をすっかり無くされてしまい、その数年後、八十五歳で亡くなられたこと、また、研究会の設立時から研究会を支えてこられた先生の一人、山田英世先生が筑波大学へ転任され、まもなく亡くなられてしまったこと、さらに、寺田先生、佐藤先生らも高齢になられ、しばらくして亡くなられてしまった。第一回、第二回の現地調査に直接関わったメンバーで、名古屋地域に残っているのは前田惠學先生と私だけになってしまった。その私も一九八〇年代の中頃、大学院大学としてスタートした兵庫教育大学へ移り、大学の校務に追い回されるようになり、研究会運営のお手伝いが充分できなくなってしまった。そして、研究会事務局を当時まだ若かった神谷信明さんに担当していただくことになった。いま、ふりかえってみると、かつてアジア・エートス研究会を二十数年間盛り立て支えてきたメンバーが、一九八〇年代後半には、亡くなったり、東海地域から転出してしまって、現地調査を主軸にした研究活動をやってきた研究会にとって深刻な状況があらわれていた。確かに、一九七〇年代の後半頃から、若いすぐれた方々が数多くメンバーに加わっており、活躍してはいたが、設立時からその後の二十年間にわたってみられた結束の状況とはかなり異なったものとなっていた。

また、アジア・エートス研究会を精一杯支えてくださった前田先生も、その頃、勤務されていた大学で要職につかれており、また大学の拡充計画でその中心的役割を担っておられ、多忙な日々を過ごしておられた。その先生に、池田先生亡きあと、われわれは第二代アジア・エートス研究会会長をご無理なお願いと承知しながらも、お願いして引き受けていただいた。前田先生は深刻な状況を深めていく研究会をよくまとめてくださった。研究会で受けた先生の深い学識と温かいお人柄にふれた思い出は、研究会のそれぞれのメンバーにとって生涯心に残ることとなろう。一九八〇年といえば、前田先生は長い間あたためてこられた「スリランカ上座仏教の存在形態とその社会的役割に関する調査研究」というテーマで現地調査を計画され、実施された頃であった。そのとき、前田先生は私たちに「これが私の最後の大きな仕事になるものだと思います」といわれ、精根を傾けて調査計画を練られ、すばらしい現地調査を遂行された。この現地調査に私など幾人かのアジア・エートス研究会のメンバーも加えていただき、私たちは現代のスリランカに生きている仏教の存在形態とその社会的役割を、いくつかの農村でつぶさに調査する機会に恵まれた。スリランカで調査した村々では、どの村でも二百人近くの村びとたちが日の丸の小旗をつくって出迎えてくれ、村をあげての大歓迎であった。このような歓迎ぶりはインドネシアやマレーシアの村落調査を経験してきた私たちにとっては珍しいことだった。私たちの調査期間中によせられたスリランカの人びとの心遣いは大変なものであった。いまは亡きプレマダーサ首相が時間を割いて前田先生をはじめとする私たち調査チームと会談され、親しく語り合う機会をつくられたことも忘れることのできない思い出となっている。これらはすべて前田先生がスリランカできわめて高い評価と尊敬を得られていることによるものである。そのときの現地調査の研究成果は前田惠學編『現代スリランカの上座仏教』(山喜房佛書林、

朝日学術奨励金の人びと ③

現代スリランカの上座仏教に関する総合的研究
愛知学院大教授 前田 恵学氏ほか六氏

地域との関連を実証

インド半島の南にある扁形の島国スリランカ(旧セイロン)。いま、世界各国の社会学者や文化人類学者がこの国の民族信仰などに研究材料を求めて集まっている。ブームともいえるほどだ。

仏教学が専門の愛知学院大学教授前田恵学氏(六〇)もそのひとりだが、紀元前三世紀から現在に至るまで、オランダ、イギリス植民地時代をも含めてこの島国で根強く生き続けて来た上座仏教(小乗仏教)とスリランカ社会とのかかわりを研究するため、前田氏が現地に渡ったのは昭和三十六年以来、すでに五回におよんでいる。

広大な国土を持つ、お隣のインド。日本に渡来した大乗仏教はインドから中国、朝鮮を経て伝わった。だが、インドそのものを研究するにはぼう大な研究計画が必要だ。前田氏らは「スリランカは人口約千五百万の小社会。インド文化の一翼をになう縮図の世界をみせているから」と、この国を研究対象に選んだ。

約二十年前、名古屋でアジア・エートス研究会が誕生した。アジアの地域社会を総合的に研究しようと約五十人が集まった。前田氏はその当時からの会員だが、四十年に会員が行ったグループ研究「スリランカとマレーシアの社会調査」がきっかけとなって、今回の研究グループが生まれた。主任研究者の前田氏は仏教原典が書かれているパーリ語の専門家であり、四十一年には「原始仏教聖典の成立史研究」で日本学士院恩賜賞受賞の功績をあげている。仏教学からは、ほかに高橋壮・名城大学教授([illegible])、橋堂正弘・椙山女学園大学短大教授([illegible])、神谷信明・岐阜市立女子短大助教授([illegible])。また、宗教学の赤池憲昭・愛知学院大学教授([illegible])、社会学の戸谷修・兵庫教育大学教授([illegible])と文化人類学の大岩碩・金城学院大学助教授([illegible])が加わって七人のグループ。それぞれ、すでに二回から四回の現地調査を経験し、毎月一回、前田氏の自宅である名古屋市中川区の進念寺で研究会が続いている。

スリランカは約七割を占めるシンハラ族と、タミル族が住む複合民族の国だ。現代スリランカ仏教の現状をみると、約二万人の僧が三つの派にわかれ、約六千五百の寺院と百六十の森林道場を拠点に活動している。「スリランカ仏教は、大寺院―末寺というような組織がないのが特徴。われわれも村落寺院そのものに目を向け、スリランカの地域社会を支える仏教徒の姿を解明するのが目的です」と前田氏。

主任研究者の前田恵学氏(左から2人目)を囲んで現地調査の計画を話し合うメンバー。前列左から戸谷修氏、1人おいて赤池憲昭氏、高橋壮氏、神谷信明氏。後列左から橋堂正弘氏、大岩碩氏＝名古屋市中川区富田町の前田氏の自宅で

スリランカからの布教団は、この十数年、ヨーロッパに進出して目ざましい成果をあげている。「ロンドン仏教精舎」や西ベルリンの「仏教の家」がそれだ。ことし九月にはロンドンで「ヨーロッパ仏教連合会議」が開催されるまでになった。

そうした動きに呼応したともいえる前田氏らのこの研究は、文献史料中心のこれまでの仏教学に新境地を開く可能性を秘めている。今後の現地調査にはコロンボ大学のアリアパーラ教授らも協力する予定。また、前田氏は「私の大学やお寺に勉強に来たスリランカの僧がたくさんいます。そうした人たちが研究を手伝ってくれます」。

一九八三年七月七日「朝日新聞」。前田恵學先生の書斎にて。

一九八六年）という重厚な研究書となって刊行されている。この研究書は現代仏教研究の意義を明確にし、学際的手法によるすぐれた成果として国際的にも高く評価されている。また、前田先生を代表とする共同研究「現代スリランカの上座仏教に関する総合的研究」には一九八三年度朝日学術奨励金が授与されている。前田先生は、われわれが第一回の海外調査でセイロン、マレーシアへ出向したその翌年の一九六六年、若くして『日本学士院恩賜賞』を受賞された先生だった。私は先生とは専門分野は異なるものの、インドネシア調

査、スリランカの調査ではそれぞれ二カ月間に及ぶ現地調査を一緒に行ない、四十年間研究会で語り合ってきただけに私の研究生活ではきわめて多くのご教示を受けた先生である。専門分野の中にのみ閉じこもって研究していたならば、恐らく前田先生と一緒に研究調査することのなかった私がアジア・エートス研究会を通じて、先生の精緻な研究への取り組みと、インドネシア、スリランカでの調査の中で、彼らの社会の宗教が生活の中でいかに重要なものとして機能しているかを先生から具体的に学ぶことが出来たことは何にも代え難いすばらしいことであった。このことは、私だけでなく、研究会のそれぞれのメンバーにとっても、学際的共同研究のなかで自らの研究を鍛え、深めたものも多い。

(2) つぎに、研究会が設立当時から採ってきた学際的共同調査が一九八〇年代の後半以降、全国的に次第に下火になり、研究の進め方に変化の徴候がみられるようになってきたことをあげておきたい。

われわれが研究会で行なってきた調査研究は、倫理学、宗教学、社会学、経済学、政治学、文化人類学、教育学など、さまざまな分野の研究者が、ある特定の地域における全体像を把握するため、共同調査を主軸とする実証的研究を行なうという研究手法をとってきた。専門分野の異なる研究者が有機的な連繋を保ちながら地域の全体像の解明に当たってきたのである。その結果、お互いに学ぶことは多く、すばらしい知的刺戟を受けたものだった。ところが、われわれの研究会についていえば、研究会を設立時から支えてきたメンバーが亡くなったり、他地域の大学へ転出するに及んで、かつて現地調査などで共に活躍した研究者を殆ど失ってしまったことは、学際的共同調査を中心に活動してきた研究組織にとっては致命的な打撃であった。その間、若い優秀な研究者が研究会に加わって、それぞれすばらしい活躍をし、研究会での活発な討議で活気が蘇ったが、一つの研究組織が特定のプロジェクトを組んで、学際的な共同研究によって或る特定社会の全体像に組織的に追究するまでには至らなかった。かつてのような形で行なうことが出来なくなったのは、研究者の勤務する大学自体が大きく様変わりし、学際的な共同研究をやりにくくする状況となってきたことが重要な理由としてあげられよう。

さらに、時代がくだるにつれて明らかになってきたことは、われわれの研究会の問題というよりは全国的な傾向であるが、或る特定社会の全体像に、研究組織が学際的共同研究のやり方でせまるというよりは、個々の研究者がそれぞれ思い思いに、きわめて限られたテーマを個別的に追究し、研究業績を上げていくやり方を選ぶ傾向が強くなってきたことである。したがって、共同研究と銘打っていても、ときにはばらばらの個々の研究論文を一冊の書物に集めただけのものになっている場合も多くみられる。この点は私が所属していた幾つかの学会においてさえ顕著にみられる。かつて、われわれは望ましい社会像を描きながら、矛盾に満ちた社会の変革にいくらかなりとも役立つならばという熱い想いをこめて、特定社会の全体像の解明に立ち向かったものだった。そこには研究者の限りないロマンがあった。また、全体社会に挑もうとするためか、共同研究を必要とした。しかし、いつの頃からか、こうした研究への雰囲気は変わってしまった。個々のごく限られたテーマの研究に閉じこもり、より精密さを目指すあまり、自己の研究対象をより矮小化させていく最近のわが国にみられる傾向は地域研究にとっては馴染まないものだと思う。

(3) われわれの研究会が研究集団としての機能を充分果たし得なくなってきた理由の一つに、アジア諸地域が著しく変貌したにもかかわらず、それに対応する理論的枠組を構築しえなかったことを挙げておきたい。一つの研究会が力強く存続していくためには、その研究会に研究者たちをひきつけるような鮮明な理論的枠組が提示されており、研究会のメンバーがその枠組に魅力を持つことが重要である。この点は、特定の学会の地方組織のような研究会ではなく、どんな専門分野の方でもアジア諸地域の民族的エートスに関心のある方ならば自由に加わることが出来るわれわれのような研究会ではとりわけ重視しなければならないことである。しかし、われわれは一九八〇年代なかば以降の激しく変わりゆくアジア社会に対応した理論的枠組を提示しえなかった。この点は、クリフォード・ギアツが東南アジア社会の特質を示すといわれた分析概念、「shared poverty」とそれに関連した「agricultural involution」が一九八〇年代はじめ頃までは通用していたが、著しい経済変動の中で分析の機能を果たしえなくなってきていたことを想起しよう。かつて、彼が提示した東南アジア社会の特質を示した概念的枠組が一九九〇年代になると十分な分析用具ではなくなってしまったのである。このように、実態に著しい変化があらわれていて、従来の理論的枠組そのものだけでは到底対応しえなくなっていたにもかかわらず、一九八〇年代なかば以降のアジア諸地域の変わりゆく社会と文化を織り込んだ分析の枠組造りをなしえなかったことは、研究集団として重大なことであったと私は反省している。もっとも、この点もわれわれの研究組織だけの問題ではなく、激動する時代の変化に的確に対応しえていない人文・社会科学系の殆どの研究組織についてもいいうることだと思う。

(4)　一九七〇年代のなかば以前についていえば、高額の現地調査費を確保しようとするならば、かなりの規模の研究集団を組織し、その受け皿作りをしておくことがきわめて重要なことであった。この点は海外調査研究費が急増する一九八〇年代以降に海外調査に加わるようになった若い研究者には想像もつかないことである。このような意味で、われわれの研究会で一九六〇年代のはじめ、現地調査を可能にする努力をされた研究会設立時の中心的な先生方のご苦労は想像に絶するものがあったと思う。

ところが、一九七〇年代なかば以降になると、わが国では国際化ということが欠くべからざることとなり、それに伴って異文化を理解しなければならない雰囲気が高まってきたこともあって、わが国の海外調査への研究費の投入は急増した。こうした動向は文部省の科研費による海外調査の採択件数が急増していることをみただけでもわかることである。また、それぞれの大学研究機関からも海外出向にも利用できる研究費が容易に調達できるようになってきているように思われる。したがって、現在では海外調査の費用はごく限られた研究組織を通じてしか得られない状況ではなくなってきている。このような意味でも、一九六〇年代のはじめ、アジア・エートス研究会が大型の海外調査費などの受け皿となって果たしてきたかつての役割は終ったといえよう。

(5) 研究会の例会を開くことが困難になってきたもっとも大きな理由の一つに、最近、大学が忙しくなり、研究者の多くが時間的な余裕を失ってきていることがあげられる。この動向も十数年前から徐々にあらわれてきていた現象である。このことは、激動する時代の流れに即応しえなかった大学が、現在、少子化傾向と相俟って、その対応を行なっているためである。しかし、残念ながらこの改革がわが国の教育・研究をより深めているとは思われない。いずれにせよ、会議などが多くなり、それぞれの研究者が時間的なゆとりをなくしつつある。こうした状況になると、研究会の例会に出席して、研究会を盛りたてていこうという時間的余裕もなくなってしまう。したがって、研究会の例会に折角、或る研究者に頼みこんで研究報告をしていただいたとしても、例会の集まりは芳しくない状況となる。こうなると、例会を企画する側も例会を頻繁に開くことに消極的にならざるをえない。このことは一九八〇年代後半以降の例会の回数をみれば明らかである。こういう状態では、研究会がいつの間にか自然消滅してしまうことにならざるをえない。そのようになるよりは、現在、研究会を支えているメンバーがさまざまな状況を分析して現時点で研究会を閉じるほうが望ましいと考えるに至った。

(6) われわれの研究会は閉じることになるが、幸いなことに、現在ではアジアに関する研究組織はかなり多い。東海地域だけについてみても、アジア・エートス研究会が設立された頃は、アジア諸地域の社会や文化を研究対象として活動する研究組織はわれわれの研究会だけで、それなりに東海地域ではアジア・エートス研究会に寄せられる期待と役割は大きかったように思う。しかし、現在では人文・社会科学系の学部をもつ大学には殆どといってよいくらい、アジアの社会や文化の専攻学科が設けられており、それに伴って、いくつかの研究組織も活動していると聞く。そのような意味でも、東海地域のアジア研究の状況はかつての状況と変わってきているので、われわれの研究会は閉じてもよいのではないかということを話し合い、この点も研究会を閉じる理由の一つとなった。

以上は、われわれの研究会を閉じるに際して、思いつくままに閉じるに至ったさまざまな思いを書きとめたものである。それらの要因は個々に存立しているというよりも、いくつものことが関連しあっているように思う。理想をかかげて創りあげた一つの研究会が存続する寿命は長くて二十～三十年だといわれている。そのような意味では、アジア・エートス研究会はよく永らえてきたと思う。多くの成果を残して、ここまで永らえてこられたのは、それぞれの時期に研究会を温かく支えていただいた方々の熱意によるものとして、ありがたく思っている。

七　結びに代えて

われわれは、いま研究会を閉じるのであるが、われわれの見詰めていく世界はますます混迷の度を深めている。私が対象としてきた地域研究の分野からいえば、冷戦構造の崩壊後の世界は、超大国アメリカの経済、軍事力が地球上すべてのところに投影され、すべての国が強弱の差はあるにせよ、それに従わざるを得なくなってきているように思われる。アメリカは自ら世界の邪悪には鉄槌をくださなければならないと全世界に向かって豪語する。何が邪悪なのかは、「アメリカの味方でないものはすべてアメリカの敵」だという。そして、従わなければ、テロ支援国家と名指しされ、その国の主権はおびやかされることになる。いま、その標的になっているのがイラクである。フランス国立科学研究センターのイスラム現代史研究者ピエール・リュイザール氏は、「フセイン大統領が乗るのは行きも帰りも同じ列車だ。彼はアメリカの列車に乗ってやってきた。石油の利権をめぐりフセイン政権を支えてきたのは、アメリカだったからだ。しかし、軍事ロビーの影響を多分に受けて、アメリカは方針を転換した。だから、彼はアメリカの列車に乗せられて去っていかざるを得ない。……ただ、アメリカの今回のやり方には説得力がない。大量破壊兵器の疑惑を騒ぎ立て、見つかったら見つかったで戦争を起こす。見つからないなら見つからないで『隠した』と言いがかりをつける。最初から『戦争ありき』だ。そのことにアメリカ自身が気づきながら押し通す背景には、『力がすべて』の論理が透けて見える」と現在のイラク問題をきわめて的確に論じている。このようなことが、民族の自決を高らかにうたった現代の世界にあってよいものだろうか。自主独立の象徴的な国、アメリカという国の美徳であった「寛容さ」はどこへ消えてしまったのだろうか。

また、アメリカが反米テロ勢力の根絶という口実のもとに、世界のさまざまな地域で行なってきている爆撃や殺戮はあまりにも凄まじい。アメリカによって加えられた被害は、9・11ニューヨークで起きた痛ましい悲劇の何百倍にも及び、その被害の中で彷徨いながら必死に生きていく人びとの苦しみは想像に絶する。これは人道上許されるものではない。確かにテロという行為はよくないことであることはいうまでもないが、いまなぜアメリカがこのような行為で狙われるのか、自ら冷静に考えてみる必要があるのではないだろうか。

アメリカが言い張っているように、テロが非合法の破壊活動や暴力のことだとすれば、植民地化に対して戦ってきた、いままでのアジア、アフリカ、ラテンアメリカなどの民族自決のための独立への民族運動は、歴史のある時期には、やむを得ず非合法の破壊活動によってしか切り開いていく道のなかった史実からいえば、植民地支配から脱却するために戦った民族運動はどのように理解すればよいのだろうか。欧米列強の植民地支配からやっと脱したアジアの人びとの生活の向上に、われわれは夢をかけて研究に関わってきただけに心の痛む思いがする。

自由と平等をかかげた二十世紀の近代民主主義思想からいうならば、同じ人間に生まれながら、いまの世界は生をうけた国によって、あまりにも貧富の差が大きい。ウォーラースティンのいう世界システムの中で、搾取され貧困に陥ってしまっている自国の状況に憤懣が沸き起こるのも無理からぬことである。とりわけ、情報はグローバル化し、どんな僻地に住んでいても、世界の映像が写し出される時代であるだけに、この憤りもひと昔前にくらべると大きくならざるをえない。このような状況の現代では、世界が足並みを揃えて不平等を解消する方向で努力しないかぎり、テロを根絶することは難しい。このことは、われわれも含めて「豊かである」と思われている先進諸国の人びとの課題である。経済的豊かさを享受している国々は、弱者に配慮した世界秩序の構築こそが世界の安定の条件であるということを忘れてはならない。限りのある地球の中で、人間が生きのびていくためには、共生への努力が、とりわけ恵まれた国の人びとにとって必要となるのである。そのような意味では、われわれ研究者が携わるそれぞれの研究領域においても、それぞれ異なるアプローチをもつにせよ、この深刻の度を深めている現代社会に対して危機認識を鋭く組み込んだ研究に心掛け、何らかの形で混迷の現代に一定の役割を果たすものでありたいと思う。

長い四十年に及ぶ研究会をふりかえるとき、私の人生にとってアジア・エートス研究会は『論語』にいう〝益者三友〟の集いで、実に得るもの多きものだった。いま、万感の思いを胸にこめながら、この研究会を閉じるのであるが、これからもお互いに変わることなく助け合い、共に精進し二十一世紀を切り開いていきたいものである。

（二〇〇二年十一月九日）

思い出の記

（順不同）

アジア・エートス研究会を閉じるに当って思うこと

前田惠學（愛知学院大学名誉教授）

私がアジア・エートス研究会（以下、エートス会）に始めて参加したのはいつだったたか、定かではない。一九六一年に私はスリランカに行った経験があり、エートス会ではかねてスリランカ調査に出かける計画を立てていて、それに参加を求められたわけである。エートス会は一九六五年に出かけたから、多分一九六三年頃のことであろう。始めて参加した時の集まりは、名古屋工業大学大幸校舎（一般教育棟）であったと思う。その後の会合は、鶴舞の本校舎に移った。（その縁で一九六九年度には名工大の非常勤講師も努めた。）

それ以来、エートス会は数々の成果を挙げ、海外の調査地域も、スリランカ・マレーシア・インドネシア・フィリピンなどに及んだ。今日では、エートスという言葉は、常識となっているが、当時としてはまだユニークで、名古屋に「アジア・エートス研究会」あり、と注目されるようになった。今では当り前と言う人があるとしても、それはコロンブスの卵というものである。

エートス会の最初の頃、日本では研究費を調達することが難しかった。戦後のアメリカは、アジア研究を重視しており、アジア財団では、アジア地域の研究を援助していた。財団の援助を受けてスリランカ調査に出かける時、ブルジョア集団だと言われたことがある。私は、プロレタリアだからこそ、アメリカであろうとなかろうと、どこでも援助してくれるところならどこからでももらうのだと応え、みなそれに共感した。そんな時代であった。

しかし、次回（一九七四年）からは、日本もいくらか豊かになりつつあり、文部省の科学研究費を受けることができるようになった。インドネシアの調査は、戸谷修・布川清司の両先生と私の三名であった。この調査は、インドネシア側の事情で、私共の研究調査はAnthropology の分類に組み入れられた。私はこの調査で得た成果をもととして、帰国後いくつかの論文や報告を書いた。これによって私は日本に一人の新しい Anthropologist が生まれたと評価された。

この調査に当たっての戸谷先生の熱意はすさまじく、ある時調査中に昼時となった。私はここで打ち切って午後にしようと提案した。先生はもっと続けようと、昼食抜きでも仕事をしようという勢いで、私はこれに烈しく抗して、熱帯で空腹のまま仕事をすれば、必ず身体をこわすからと、無理矢理中止したことがあった。今では思い出の一つである。

この時のインドネシア調査では、調査 visa 取得に六カ月もかかり、インドネシアに入国できた時は十二月になっていた。しかも入国後もまた中央の官庁から地方の役所まで、種々の承認を得るのに、滞在期間三カ月の半分程かかり、実質村落に入って調査できたのは、一カ月余という有様であった。戸谷先生が急がれたのも、無理からぬものがあった。しかもこの時、先行していたフィリピンの調査班は、すでに順調に調査を終えていたのである。

その結果は『アジアの近代化における伝統的価値意識の研究』として、文部省成果刊行費を得て、山喜房佛書林から出版した（一九七八年三月）。原稿の収集から出版にいたるまでの仕事は、私の手元で行なった。多分エートス会に対する私の最大唯一の貢献であった。

エートス会は、文部省科研費「特定研究・アジアにおける文化摩擦」（十七チーム参加）に加わり、大磯のホテルで行なわれた大シンポジウムに出席した。余りに大規模で、シンポの内容などはっきり覚えていない。ただ私が韓国で「過去のことを忘れずに仲良くしよう」と言われた経験を話した時、今は亡き山本達郎先生が、特に私をご紹介下さったことを覚えている。文化摩擦については、日本の仏教を扱うことにしたが、他の地域では、よい考えが思い浮かばなかったからである。

一九八一年から私は、勤務校の仕事が忙しくなった。人間文化研究所を創設して初代所長、文学部長、大学院文学研究科長となり、その間、国際文化学科につづいて日本文化学科の学部、修士、博士の課程の設置に当たった。ひろく人材を必要としたが、私がエートス会で学び、多くの方々の知遇を得ていたことは、大変役に立ち、有難いことであった。

私はかねてから研究者として creative な仕事ができるのは、六十までという考え方をしていた。これは東大の先生方が六十歳定年で退官せられ、そのあと出版されるものは、在職中すでに準備されていたものが多いという印象をもっていたからであった。

私はスリランカ会を組織して、一九八〇年と一九八四年の二回、学際的国際的な共同現地調査を行なった。その成果は『現代スリランカの上座仏教』(山喜房佛書林、一九八六)となり、思いのほか非常に高い評価を受けた。この調査研究には、エートス会でスリランカに関心をおもちの先生方に参加していただいた。この出版を終えた時、私は六十歳になっていた。

思うに私はエートス会ですばらしい先輩や友人に会い、啓発されることきわめて多かった。私がエートス会になしえた貢献に比し、得たもののいかに多かったことか。何よりも自分の狭い文献学中心の仏教学の枠を破りえたことである。それがまた私の仏教学への貢献となったのである。個人的には戸谷修先生とのおつき合いが最も長く、また先生の社会学から得るところも最も多かった。池田長三郎先生からの恩顧も忘れえないし、また村上公敏先生の友情もなつかしい。韓国を一緒に旅をしたし、また他の友人と一緒に馬籠の別荘に合宿したりした。神谷信明さんが忙しい中を何とか工面して研究会のために働いて下さったことにもお礼を申し上げたい。

最近のエートス会は、研究組織を結成して海外調査に出かける活力を失い、例会を重ねるだけになっていた。その理由は、戸谷修先生の〈アジア・エートス研究会四十年の歩み〉に述べられているが、一つには有力な会員の死亡、二つには名古屋以外の地域へのスタッフの転出、三つには残された会員の多忙と老齢化などによる。そうした中で、よく例会に出席せられて嬉しかったのは、名古屋大学経済学部教授であった鼓肇雄先生、大谷大学教授の箕浦恵了先生、スリランカに造詣の深い上田はるさんらである。

私は今自分の著作集を出版準備中である。私がエートス会に参加して書くことのできた論文や報告の一部は、その第三巻に集録できるはずである。

ここに万感の思いと感謝の念を胸に込めて筆を擱く。

（二〇〇二年十二月一日）

スリランカとアジア・エートス研究会

永井義雄
（名古屋大学名誉教授）

わたくしは代役としてこの研究会に入った。当初のメンバーであったM氏が北京シンポ（世界科学者連盟）の名古屋における事務局長であったことから、そんな人物がアジア財団というアメリカ帝国主義の金を貰うとは何事かと難詰されて辞退されたからである。わたくしは後日、難詰した一人に「君は代役を務めたことで彼を免罪したことになるから、同罪だ」と言われたことがある。

わたくしは、日本をアジアの中で捉えるという会の視角に賛成であった。わたくしは現地調査後セイロン（スリランカ）に関して三つの論文しか書いていない。しかし『アジア近代化の研究』に書いた論文は、インド研究者の中村平治氏が評価してくれた。バンダラナイケという今ではスリランカでやや神がかった人物を政治思想家として分析した論文は他にもあるかもしれないが、スリランカにおけるガンディという捉え方は大筋で間違っていなかったと思う。しかし、強調が足りなかった相違点がある。ガンディは諸民族を束ねる組織（国民会議）を基盤としたが、バンダラナイケはSLFPというシンハラ族に依拠するコミュナルな組織を基盤とし、コミュナルな政策を採った。タミール問題が発生する根元はバンダラナイケ政策にあると言っていい。この点は三つ目の論文で書いた。（これらの論文はわたくしの『近代的理念の移入と屈折』白桃書房、二〇〇二に収めた。なお、アジアに関するエッセイなどのリストもその補章にある。）

わたくしは、セイロン大学で知り合った学生に招かれて、島の北端の都市ジャフナに行ったことがある。そこでかなり厳しい部族対立を見聞した。わたくしは連邦制以外に解決の方法はないと直感した。帰国後しばらくして、タミル族の独立武装反乱が起きた。最近、武装闘争は終息し、連邦制による国民統合の方向が出てきたのは、至極当然にわたくしには思われる。

たった二カ月しか滞在しなかったのに、三人の農業省役人と仲良くなり、イギリスのセイロン統治史を書いた本を貰ったことが記念となった。かれらの上役のセシルがコロンボプランで来日した時は、信州のぼくの山荘に招いて、セイロンでは出来ないスキーを経験させたのも、今は懐かしい思い出となった。セシルはやがて次官となったが、今は定年退職している。お互い、そういう歳なのだ。

セイロンからの帰路、わたくしはインドネシアとシンガポールに寄った。それから一年経たないうちに、インドネシアで九月三〇日事件が起き、シンガポールはマレーシアから独立した。旅行者としてのわたくしに、それを予測する眼がなかったのを今も恥じる。

わたくしはその後、フィリピン研究の中で坂本志魯雄というあまり大きい意味を持たない人物に興味を持って調べたことがある。坂本龍馬と故郷を同じくし、弔民という号は中江兆民を思わせる。しかし号の由来は分からなかった。坂本志魯雄の遺族はもとより伝記を書いた人の子息にも会った。しかし新しいことはなかった。高知で彼を調べているとき、郷土史家として著名だった平尾氏にも会ったが、その後わたくしの行く先々に顔を出して、わたくしの調査を探っておられることを知ったときはぞっとした。郷土史家には間違ってもなるものではないと言ってはいけないないであろうが、そのときはそう思った。

わたくしは、高度成長期にアジア研究、近代化研究に関わったことを幸運だったと考えている。その後の日本研究はもとよりヨーロッパ研究にも、対比的視点を持っているからである。ヨーロッパがいかに普遍性を持っているか、日本がいかなる位置にあるかという問題関心は、アジアを知ることなしには不可能である。アジア・エートス研究会はわたくしの中でそういう位置を持っている。わたくしはアジア・エートス研究会では代役であったが、わたくしのアジア研究は決してヨーロッパ研究、日本研究の代役ではなかった。

はじめての海外調査

戸谷　修（三重大学名誉教授）

ふりかえってみると、私はアジア・エートス研究会で東南アジア研究への夢を膨らませ、その関わりで研究生活の大半を過ごしてきたように思う。その中で、もっとも印象深く思い出されるのは一九六五年はじめて海外に出て過ごした日々のことである。それは三十代なかばの私にとって、異国での最初の生活体験で、なにもかも新鮮に感じたからかも知れない。

当時、わが国は経済的に豊かではなく、海外調査に出る研究者も殆んどなかっただけに、私たちの現地調査は海外でも注目されたものだった。マレーシア、セイロンへとそれぞれの調査地に分かれて入る前、私たちはシンガポールで数日間をともに過ごした。そのとき、私は永井義雄さん、村上公敏さんと三人で、その数日間、シンガポールの大学、政党、報道機関を駆けずり回り、それぞれのリーダーたちと東南アジア地域の近代化について意見を交わし合ったものだった。その中でも、当時シンガポールで最大の発行部数を誇っていた南洋商報の編集長、施祖賢氏との意見交換はいまだに鮮明に記憶に残っている。というのは、その時、私たちの語り合ったことが、その翌日の南洋商報に広いスペースを割いて写真入りで報道されたからである。それは「日本の三学者の談、アジアの重要問題の一つはアジア人の観点による近代化である」と大きな見出しをつけて詳細に紹介されたものだった。

この新聞記事のお陰で、私はマレーシアに滞在している間、非常に順調にさまざまな方々から聞き取り調査をすることができた。やがて、ブミプトラ政策を創りあげ、マレーシア近代化の担い手となって登場してくる若き日のリーダーたち、当時UMNO（統一マレー国民組織）急進派の青年層のリーダーであったマハティールなど次代を担った人びとから、彼らの熱い国造りの想いを聞くことが出来たことも忘れ難いものであった。それ以降、私はマレーシアが借り物でない自らの近代化を目指して、どのような国造りをしていくだろうかと、いつも強い関心をよせてきた。彼らと語り合ってから四十年近くの月日が過ぎた現在、マレーシアが近代化へと着実に成果を収めてきていることをうれしく思っている。

また、海外へ調査に出ると、出向した先々で日本のすばらしい方々に出会うことも多い。マレーシアでは喜多広行さん、萩原宣之さんである。先年お二人とも亡くなられてしまい心淋しい思いをしているが、終世忘れ得ぬ方々である。喜多さんは、若い時、満州にて民族協和のために自分の生涯を捧げようと志されたが、その夢を果せず、後半生、その夢を複合民族国家マレーシアでやりとげようとなされた。私が第一回の現地調査でクアラルンプールに行っていた頃は、喜多さんは八幡製鉄の稲山社長に乞われてマラヤハタの建設に参画されていて、日本・マレーシア友好の基礎を築かれた方であったが、いつも黒子役に徹して歴史の表舞台には出られなかった方だった。私たちの研究会にも時々顔を出され、喜多さんからご配慮いただいたことも多い。喜多さんが亡くなられた時、萩原宣之さんの肝煎りで『アジアに架けた夢——喜多広行追悼文集』が刊行された。この追悼文集には、それぞれの時期、喜多さんと出会われた各界の著名な方々の思い出が綴られている。この文集から、喜多さんが情熱を傾けてこられた数々の在りし日のご活躍とお人柄を偲ぶことが出来る。アジアの人びとの安寧に生涯をかけた人とは喜多さんのような方をいうのだと私は教えられ尊敬してやまない。

また、萩原宣之さんは、私たちがマレーシアへ行っていた頃、アジア経済研究所から来ておられた方である。その後、マレーシア研究の第一人者として活躍されていたので、ご存知の方も多いと思う。いつも研究会を何かにつけて応援してくださった一人だった。私がクアラルンプール滞在中、萩原さんは私の泊っていたホテル・マジェスティックへやって来られ、私たちと夕食を共にしながら、夜遅くまで東南アジアの動向やマレーシアの政治情勢などを語り合ったものだった。

萩原さんは私より五歳年上で、とても温かい心配りをされる兄貴分のような方だった。研究会のメンバーの中にもお世話になった方も多いと思う。第一回の現地調査のあと、私はたびたびマレーシアを訪れ、ブミプトラ政策のゆくえを見つめてきた。二十年間、この国の近代化の成否を確かめ続けてこられたのは、萩原さんの励ましによるものであった。数年前のある日、「大学でしばらく休みをもらったので、やってきたよ」といって名古屋に来られたことがある。その頃はアジア経済研究所の理事を退かれ独協大学へ移られていた。久しぶりに、ゆっくり語り合うことのできた一日だった。「君と会っていると、KLを思い出すね」と言って、なつかしそうに共に若かった過ぎ去った日のことを回想し、互いに語りあったものだった。それからしばらくして、癌で亡くなられたことを知った。萩原さんは病いを予知して旧友たちを訪れる旅に出ておられたのではないかと、のちになって思いを巡らした。

また、セイロンで会った高瀬大使も私の心にいつまでも残る方であった。マレーシアでの調査を終えて一週間ほどセイロンへ立ち寄った時のことである。セイロンへ行ったら高瀬大使にお会いしたいものだと思っていた。というのは、以前に書物を通して高瀬侍郎という大使がどんな方なのかをいくらか知っていて、関心をもっていたからである。かつて昭和のはじめ頃、高瀬さんは若き革新外務官僚の一人で、戦前の外務省で情報収集の中核的ポストにいた方であること、また、汪兆銘、バー・モー、ホセ・ラウレル、チャンドラ・ボースなどが東京に集まって大東亜会議が開かれた時、その裏方の事務局を取り仕切っていた方だということなど、現代史の表舞台にはあまり出ていない方ではあったが、戦前、非常に重要な役割を担った一人だと私は思っていたからである。

私が初めて大使館を訪れた時、高瀬大使はシンハラの農民が被っているような編み笠を頭にのせ、大使館前の木々を剪定されていた。この庭師は日本の老人によく似ているなぁと思って館内に案内されたら、それが高瀬大使であった。高瀬さんは自分が大使であることを忘れたかのように、アジアの情勢や日本がこれからどのようにアジア政策を進めるべきかを若造の私に熱く語られた。私も若気の至りというか、遠慮もせず自分の意見をぶっつけたものだった。わずか一週間ほどの滞在であったが、その間、セイロン班の方々とともに晩餐会に招かれたのも含めて二度ほどお会いし、すばらしい話を聞いたものだった。

若い研究者と語り合うことをとても楽しみにしておられたようだった。外務官僚として若かった頃から情熱を傾けて、危機を深めていく祖国の外交に全精力を注がれた方だけに、大使の語られることばは私の胸をうった。自分も高瀬さんのように熱い想いをもって、これからのアジアに関わっていきたいものだと思ったものだった。

沖縄が日本に返還されるさい、人文系学会の連合組織、九学会連合は総力をあげて、沖縄調査をおこなった。私も社会学会から調査メンバーの一人として参加した。そのとき、沖縄返還日本代表、全権大使として来られていた高瀬大使にお会いした。今後の沖縄について語り合ったのが、私にとっては高瀬大使との最後となった。高瀬さんは、その後、拓殖大学の総長・理事長をされていたが、先年亡くなられた。

なお、海外へ一緒に調査に出ると、その仲間から思いもよらない一面を垣間見ることが多い。永井さん、村上さんと私の三人は先にも述べたように行動を共にしたシンガポール滞在中、ジャパンクラブでよく夕食をとっていた。席につくと、越路吹雪が歌う「ラストダンスを私に」が流れていた。その時はまだ永井さんも私も、誰がその歌を歌っているのか、なんという題名の歌なのかも知らなかった。甘くいくらか哀調を帯びた歌だった。永井さんが「あの歌、いいなあ」といって、歌詞を持ってきて、調査ノートに写しはじめた。

研究一筋の永井さんのイメージからは私にとっては思いもよらないことだった。三十数年経った或る日、東京から名古屋へ帰ってきている永井さんと伏見で昼食を共にする機会があった。その頃永井さんは一橋大学を終え、関東学院大学に勤められていた。私たちが食事をとりながら消息を交わし合っていたとき、彼に「ラストダンスを私に」のシンガポールでの思い出を話した。すると、永井さんは「ぼくね、あれから越路吹雪のファンになってね」と笑いながら語った。

永井さんがセイロンへ発ってしまったあと、私はクアラルンプールに滞在することになり、数日間、村上さんとホテル・マジェスティックの同室で泊っていた。就寝間近い時刻だった。村上さんの枕元にある小型のテープコーダーから岸洋子の歌う「夜明けのうた」が聞えてきた。初めて聞く歌であったが心にしみる調べであった。村上さんは奥さんがテープにとって渡してくれたのだと言っていた。彼は次の夜もその歌をじっと聞き入っていた。学生時代から村上さんを知ってはいたが、こんな一面もある人なんだなあと思ったものだった。

この二曲のシャンソンは、いずれも今では、私にとっても過ぎ去った若かりし日々を呼び起こす懐かしい想い出の歌となっている。

華人社会研究の思い出——喜多先生に支えられて

石川賢作（愛知学泉大学）

私はもともと中国について雑学的に勉強していたが、七〇年代の初めのある日、戸谷さんから「この地方に華僑問題をやっている人が少ないから、君やってくれないか」とさそわれわたのが、その後約十年間、東南アジアを歩き回るきっかけとなった。当時、中国は文化大革命のさなかでまともに研究できる対象ではなかった。私は戸谷さんの話に従った。

何の予備知識もなしにシンガポールに行き、日本人商工会議所の事務局長さんに面会した。私が華僑について、とくに華僑企業の成功例、資本の出所などについて知りたいと言うのを聞いた事務局長さんは、「それはとても危険だからおやめなさい」と制止された。私がやろうとしたことは、スカルノ時代の「対決政策」のなかで、インドネシアとの貿易の道を絶たれたシンガポールの華僑たちが、インドネシア海軍にわたりをつけて商売をやってきたという問題に手を突っ込むことになるのだ、と知ったのは少し後のことだった。そのころ、シンガポールの街角でビールを飲んでいると、二メートルほど前からまっすぐ私の写真をとる男がいた。私が抗議しようとすると隣にいた友人の華僑が「あいつは私服だからやめろ」と私の手を引っ張った。また、夜遅くカトン地区の狭い道で車に急迫されてV字型の側溝に飛び込んで傷だらけになったこともある。こうした類いのことにいくつも出くわすことによって、文献資料の裏に隠れているシンガポール社会の像が多少見えてくるようになった。

やがて一九八〇年から実質五カ年間に及んだ「エートス研」の共同研究に参加させていただいた。『東南アジアの社会変動と教育』で分担したシンガポールの研究は、その後、マレーシアのブミプトラ政策下における言語問題を軸とする華人研究の問題意識につながっていった。

シンガポールについて勉強をはじめたころ、戸谷さんが名古屋駅前にあった都ホテルのロビーで、ある人物を紹介してくださった。喜多広行さんである。そのとき喜多さんは一冊の本を出して、「どうぞ」と言われた。中国の小説家郁達夫の『郁達夫集外集』であった。私は息を呑む思いで喜多さんを見つめた。私は第八高等学校の最後の入学生（学制改革のため一年で修了）、名大法学部を出たが中国文学の翻訳に熱中、そしていまシンガポールに足を踏み込んでいる。喜多さんはそれを全部知っておられたのか。郁達夫は八高の先輩、東大の経済を出たが文学運動に専心、のち、シンガポールで対日宣伝工作を行ない、日本軍憲兵隊に殺害された人物である。喜多さんは「郁達夫のことはご存知でしょう」とだけ言われた。

喜多さんはこまめにお手紙をくださった。その封筒は中国式に宛名の部分が赤い枠になっており、筆書きのものであった。私への文面の後に家内あてに中国語で書かれていたが、それがいわゆる尺牘（せきどく・擬古文体の手紙文）であり、私には読めてもとても書けない類いのものである。あるとき千旦林のお宅に家内を連れてお邪魔した。里山の一軒家であった。喜多さんは床の間の茶箱からお茶を取り出し、「中国のお茶は古いのが好いのだ」と言って、茶を入れてくださり四方山話をされた。中国人である家内には中国語で話された。帰り道、私は家内に喜多さんは日本人と思うかと聞いたが、家内は「ぜったい中国人だ」と言った。私もそうだと思った。

喜多さんの中国とのかかわりを垣間見たのは一九八〇年八月に台湾を訪問したときであった。台北ではＹＭＣＡに宿泊した。台風の雨が窓からしぶきとなって吹き込むような嵐の夜、強いノックの音がした。出て見ると雲つくような丸坊主の大男が二人直立不動で立っている。一人がいきなり「自分たちは台児荘で日本軍と戦った某将軍の部下であり、将軍は病気入院中でわれわれに戸谷先生、石川先生にご挨拶せよとの命令で来ました」と言い出した。さらに将軍には喜多先生から電話があったのだとも言い、将軍の書を差し出した。台児荘とは山東省南端にあり一九三八年四月、国民党軍が激戦のすえ初めて日本軍に勝利したところである。続いて台南に行くと、早速、台南市長との面会がセットされていた。こうして台湾調査には喜多さんの陰での支えがあったが、喜多さんは何も言われなかった。

エートス研のプログラムではなかったが、一九八五年三月、愛知学泉大学の「異文化接触研究班」でフィリピン調査に行く事を知られた喜多さんから出発の前夜に電話をいただいた。「今、心臓が悪くて入院中だが、医者に内緒で一階に降りてきて公衆電話で掛けている。現地では絶対に農村に入らぬ事、石川さんには教員を止めてやってほしい事があるから、帰国したらすぐに連絡を」と言われた。どういう仕事かとお尋ねしたが、電話で話すことではないと言われた。マニラに着くとホテルに日本大使館員が出迎え、夜の国安公使による接待のなかで「農村に入るな」と念を押された。十日ほど各地を回ってマニラのホテルに戻ると、至急大使館に電話を、というメッセージがあった。大使館に連絡すると「喜多先生が亡くなられました」と告げられた。あの時の「仕事」とは何であったか知る由もないが、このフィリピン行もまた喜多さんの陰での支えをいただいたものであった。

私が中国の研究に「復帰」したのは一九八七年である。特にここ数年、東南アジア華人資本と中国の開放政策の関係を勉強したいと思いつつ、あと半年で大学を去ることになってしまった。

私に東南アジアという世界の窓を開いて下さったアジア・エートス研究会の先生方に心からお礼を申し上げます。

(二〇〇二年十月二十七日)

アジアモンスーンの風が流れて
――アジア・エートス研究会と移民研究

重松伸司（追手門学院大学）

アジア世界のエートスは、独自の生態系に根ざすロゴスをその基盤としている。今西錦司先生の『生物世界の論理』から私はその事を学んだ。先生の講義に出ていたわけではない。一、二度ほど学部生時代にお会いしただけである。だが、先生の強烈な個性と、遺書のつもりで書き上げられたという論文は、以来、私に生態系と思想・社会構造との連関を、歴史学の中で考えたいという気持ちを続けさせた。

一九七六年、新米講師としてはじめて名古屋の地で東洋史の研究を始めた。しばらくして、戸谷修先生のお誘いでアジア・エートス研究会に参加することになった。研究会は、小さければ小さいほど、その主催者のあるいは参加者のパーソナリティが大きな意味を持つ。前田惠學先生をはじめ、池田長三郎、赤池憲昭先生などとともに、個性的な研究会がもたれていたと思う。

途中参加メンバーの私にとって、研究上の一契機となったのは、沖縄でのフィールドワークである。

一九七八年から特定研究「文化摩擦」が衛藤瀋吉教授らを中心に立ち上げられた。それは、当時としては大規模な全国的規模の学際研究であった。戸谷氏らの肝煎りでアジア・エートス研究会もこのプロジェクトに参加することになり、私は「沖縄の華人調査」のテーマでフィールドワークの公募に参加した。

私はそれまで継続していたインド移民研究との比較で、華人・華僑に強い関心を持っていた。当時、インド移民の研究は、今日の「ブーム」と違って、ほとんど関心を持たれることはなかった。土地制度史研究が全盛であったから、「インド移民の研究なんて学問か……」、南アジア研究者の反応は無視か冷笑に近いものであった。そんな状況の中で、華僑・華人の生活様式と意識を知る調査を行なえたことは、きわめて大きな刺激となった。

戸谷氏らと共に、華人、特に「久米三十六姓」と呼ばれる、那覇・久米村の華人末裔へのインタヴュー調査を開始した。研究会メンバーとの合同調査は二、三回であったろうか、その後は補充調査を含めて、私は単独で沖縄へ足を運んだ。その際、ハワイで知り合った沖縄・米留組の友人達から受けた支援が大きな意味を持った。

名古屋に赴任する二年前まで、私はハワイ州立大学の社会学部のティーチング・アシスタント兼博士課程大学院生であった。そのころ、沖縄からの留学生が多数ハワイ大学で学んでいた。彼らは米留組と自称し、かなり強い結束と助け合いを維持していた。彼らとの交遊を通じて、私は沖縄という社会と沖縄人のメンタリティ、エートスとも言えるものをうかがい知った。「ヤマトンチュウ」としては例外的に「ウチナンチュウ」の仲間に入れてくれたおかげで、多くの知己を得ることになった。

延べ三年かかった久米三十六姓とその後来沖された華僑を含めた六名への聞き取り調査は、共同調査報告書『インタヴュー記録E　日中文化摩擦』(一九八一刊)としてまとめられた。報告書の内容もさりながら、私は、聞き取りの過程で得ることの出来た、華人の末裔と呼ばれる人々の間に、脈々と受け継がれていた文化への強い意思に感銘を受けた。数たび沖縄通いが続いた。そして、やっと刊行にこぎつけた上記の小冊子を風呂敷に包んで、インタヴューに応じていただいた方々一人ひとりに、お礼の挨拶に伺った。そのうちの何人かの方はこういわれた。「今まで、多くのえらい大学の先生方が調査と称しては沖縄にやってこられた。出来るだけの情報は提供してきた。しかし、その後、何を書かれ、どんなものだったか、私たちにはわからない。直接挨拶に来られた人はめったにいなかった」と。私はあらためて、調査する側の対応のあり方を自省させられた。調査とは、調査される側にとって何なのか。「あなた方は、調査の資料を基にいろんな業績を上げられる。報告や論文を書かれる。しかし、私たちのことを本当に理解されているのだろうか」。沖縄だけでなく、その後もインド移民調査を続ける中で、インド・マレーシア・シンガポールで、折に触れて問われた言葉であった。

インドやマレーシア中部の山間部で何週間も調査滞在していると、次第に不思議な気分に陥る。「これは調査なのだろうか、村の知人の一人としての擬似生活なのだろうか」いったい、学術的客観性を保って、第三者的に「観察・調査・分析」することは何の意味を持つのか。語る側と語られる側、調査する側と調査される側、分析するという営為と分析不可能という思いと。単純な疑念なのだが、フィールドワーカーのだれもがいつかは取り付かれる問題に逢着する。この逢着への解決は、海外・国内の研究者による「フィールドワーク論」あるいは「調査者の自他認識論」などで種々論じられているが、まだ私には確たる主張はない。

沖縄を調査するという営為、沖縄についての調査で得られた研究成果、そして調査の中から築きあげられた沖縄での人間関係。そうしたさまざまな関係性の連続の中から、沖縄の実態は、なにが、どこまで変わり得たのか。いやそもそも、研究という営為が、実態的もしくは抽象的レヴェルであっても、変化を志向すること自体が傲慢なのだ、という考えもありうる。

アジア移民の実態も、大きく様変わりしている。IT技術者や実業界の重鎮として活躍するインド新移民のエリートたち、アメリカのビジネス街をさっそうと風を切って歩くインド移民三、四世の若き女性たち。しかし、昨年、土砂降りのモンスーンの中、丸十時間かけて車でたどり着いた果てに見た、ミャンマー・モーリャミャイン（モールメン）での、インド移民の末裔であるぼろクズ同然の荷役労働者の群れ。

インド移民の、一つひとつの生活の実態を、マクロレヴェルの「社会」や「国家」という抽象性と「グローバル化」という現象性の中に、どうやってはめ込んでゆくのか。歴史の学をフィールドワークという行為によって実証する作業を、いま少し続けたいと思う。アジア・エートス研究会の大先輩の先生方から、モンスーン・アジアを学ぶきっかけを、名古屋という地で与えられたことに、今も感謝している。

（二〇〇二年十二月一日）

若き日の研究会報告と私のインドネシア研究

山本郁郎（金城学院大学）

指導教官であった故鼓肇雄先生の誘いで、私がアジア・エートス研究会例会にはじめて参加したのは、博士課程の終わりか名大経済学部の助手をしていた一九七三、四年の頃であったかと記憶している。博士課程でおもに「取引所問題」など若きM・ヴェーバーの研究を行なってきたが、思想史研究を生涯のテーマとすべきか否かについて、悩んでいた頃であった。

当時、エートス研究会例会には会長の池田長三郎先生をはじめ、前田惠學、戸谷修、石川賢作、村上公敏らの諸先生が常時参加しておられた。多くがまだ四十代の働き盛りで、フランクな雰囲気の中で展開される活発な議論には、アジア研究のフロントランナーとしての自信と気負いが快く感じられたことを思い起こす。

私が報告の機会を与えられたのは、例会に顔を出すようになってまだ間がない頃であった。当時アジア・エートス研究会のアジア研究は、西欧モデル、なかでも当時支配的であった「近代化論」に対して、アジア的な価値・伝統（エートス）を酵母として形成される社会・経済システムの特質の解明に向けられていた。その文脈の中で研究会参加者のヴェーバーに対する関心も大きなものがあった。私自身、アジアに強い関心を抱いていたし、ヴェーバー研究がそうした関心に有効に応えてくれるかどうか、私なりに結論を出す必要を感じていた。そうしたことから私は深く考えることなく、ヴェーバーの宗教社会学研究を報告のテーマに取り上げたのであった。

しかし、この時の報告は報告者、聞き手双方にとって「苦難」を強いる結果になった。なにより私のヴェーバー宗教社会学研究はようやく始められようとしていたところであった。したがって、私にはヴェーバー理論とアジア研究の間を架橋できる理論的な見通しが当時はまったくなかったのである。ヴェーバーの宗教社会学は、近代資本主義成立の構成的な要因としてプロテスタンティズムの倫理を位置づけ、他方、アジアに関しては儒教、道教、ヒンドゥ教がいかにアジアにおける近代資本主義の成立を妨げることになったかを論じたものである。そのままではエートス研究会の問題意識と真っ向から対立する可能性を秘めていた。報告をする以上は、その点についてなんらかの見通しが欠かせなかったにもかかわらず、私はヴェーバー宗教社会学をストレートにぶつけることで、ある意味ではエートス研究会を挑発したのであった。

報告は二時間以上かかったのではなかったか。こなれない報告をかくも長時間聞かされた参加者の方々の「苦難」はいかばかりであったか、想い出すだに赤面を禁じえない。一時間半近く経過したところで「少し休みましょうか」と、タイミングよくおっしゃっていただいたのは戸谷先生であったろうか。報告者への配慮というよりは、参加者の疲労に配慮してのことであったに違いない。この休み時間に前田先生からは「大変ですね」と声をかけていただいた。その時には私に対するねぎらいの言葉と素直に受け止めたが、思い返すと複雑な陰影にとむ言葉ではある。

さて、やや大げさにいえば、この報告を機に私は思想史研究としてのヴェーバー研究から足を洗うことになった。私にはヴェーバー研究を「天職」とする能力もなく、性格的にも不向きであることが、この報告を通じて痛感されたからである。私は実態調査を基礎とする日本社会の実証研究に力点を移していった。ところが、七〇年代末になって「特定研究文化摩擦」が始まり、東海地区ではアジア・エートス研究会が「アジアの近代化と伝統」をテーマとして、これに参加することになり、その枠組みを使って黒柳晴夫氏と私に、インドネシア調査の機会がエートス研究会から与えられることになった。七九年のことである。三週間に及んだバリとジョクジャカルタ地域の農村社会調査は、その後、私の研究関心をアジア・インドネシア経済研究へと転轍する上で決定的な契機となったのである。

池田長三郎先生を悼む

前田惠學

アジア・エートス研究会の最初期に集まられた先生方は、すぐれた研究者ばかりで、それだけにまた個性的な方が多かった。もともとエートス研究会は、自由な研究者の集まりであったからか、会長として代表となられた池田長三郎先生も、時にはいささかもてあまし気味のように見えたけれども、池田先生はしかしそれ以上に独特なものをお持ちであった。先生のことを思い出すと、そのお声が耳元にひびくような気がする。懐かしい思い出である。

私は先生が亡くなったあと、第八高等学校の同窓会報「やつるぎ」四四九号（平成五年五月一日）に追悼文を寄稿した。ここに再録して、先生を偲ぶこととする。

八高第一八回文甲のご卒業で、戦後しばらく八高で講師をなさったこともある池田長三郎先生が、去る平成四年十一月二十三日、お亡くなりになりました。ひと言追悼のことばを述べさせていただきます。

池田先生は、明治二十四年六月二十四日、名古屋の熱田にお生まれになりました。昭和三年、八高文甲をご卒業、東京帝大倫理学科にご入学、昭和六年には大学院に進まれ、和辻哲郎先生の下でご研究になりました。十一年文部省嘱託を皮切りに、十四年から熊本県の第五高等学校で教鞭をとられ、哲学を担当されました。戦後、二十三年には名古屋に帰られ、第一師範、現愛知教育大学教授から二十六年には名古屋工大教授に転ぜられ、定年退職して名誉教授号を贈られました。その後一時、豊田工専教授となられましたが、四十七年から名古屋保健衛生大学教授として倫理学をご担当、七十五歳で定年退職、ここでも名誉教授号を受けられました。その間、昭和三十五年には文学博士となられ、正六位勲三等旭日中綬章の叙勲も受けていられます。

先生は著書論文多数をお出しになっていますが、その御業績は三方面に分けることができましょう。

第一は、学位論文『世界史の技術と倫理』(前篇＝石崎書店、昭和五十一年、後編(上)＝三十八年、(中)＝三十九年、(下)＝四十一年、いずれも中部日本教育文化会)に代表される分野であります。先生が科学技術の問題をとりあげられるについては、名古屋の気風が反映されているように思われます。名古屋の学問は実学中心であって、観念論が育ちにくい傾向にあります。その意味で先生は名古屋的な哲人であったように思えます。

第二はアジア・エートス研究会を組織して、民族的エートスを取りあげ、アジア地域の現地調査を推進せられた点であります。これには当時名古屋在住の哲学・倫理・社会・政治・経済・英文学から私のような仏教学者まで三十名ほど集めた強力なチームを結成し、アジア財団や文部省から助成を獲得して、スリランカ・マレーシア・インドネシア・フィリピン等に、数次にわたって現地調査が行なわれました。その成果は、『アジア近代化の研究』(御茶の水書房、昭和四十四年)、『アジアの近代化における伝統的価値意識の研究』(山喜房佛書林、五十三年)、『アジアの近代化と伝統文化』(巌南堂、五十七年) 等々の書物に結実しました。アジアのエートスとか近代化という問題は、今でこそ珍しくなくなりましたけれども、当時は日本でも最も先端を行くパイオニア的な研究であり、アジア・エートス研究会の名は斯界によく知られるところでありました。先生はその先達でした。

第三は、『愛知県議会史』巻五~八、『熱田風土記』巻一~七の編纂に見られる郷土史的なお仕事であります。先生は郷土愛の持主であり、これらの御業績もまた先生にふさわしいものです。

先生は熱田生まれだけあって、古い熱田みなとの気風を残し、情熱を内に秘めておられました。その点で、東大時代の恩師和辻哲郎先生を冷徹というような意味に言われていたことは、私には理解できるような気がいたします。私も和辻先生のご定年前二年間倫理学の講筵に列した一人であります。先生はきわめて理性的で、冷静そのものであったからです。講義はすぐあと岩波書店に渡すことができるほど、完全に原稿用紙に清書されていたようです。

それに対して印度哲学科の木村泰賢教授の講義には、池田先生は眼を輝かして聴講したと言っておられました。木村教授は名講義で有名で起床から登学まで、ぶつぶつと口に講義を反復されて、自家薬篭中のものにして講義に臨まれたということです。

池田先生は、保健衛生大学をおやめになって間もなく体調をくずされたようで、八年ほど前（七十七歳）胃の手術をなさってからはお弱りになり、それまで会長として主宰せられていたエートス研究会にも出られなくなり、老衰も加わって、亡くなる二カ月程前にご入院、急性心不全でついに他界されました。享年八十五歳でした。

先生は好きな将棋も五、六年前にはお止めになり、テニスは七十歳頃までなさっていました。私も八高時代テニスをしていましたので、一度お手合わせをしたいと思っていましたが、ついに叶わず、永久にお別れすることになりました。古いご愛用のラケットはご遺体と共にお棺の中に収められました。

ご遺族は、奥様（寿満夫人）がご健在で、今も熱田区白鳥町七九のご自宅にお住まいです。ご子息が二人あり、ご長男長継氏は愛知時計に、ご次男節夫氏は鹿島建設にお勤めで、それぞれにお子様があって幸福な家庭を営んでいられます。

私は最初先生にどこでお目にかかったか、記憶が定かではありませんが、エートス研究会でご指導いただいただけでも、三十年近くになります。

先生のご逝去を前に、心から哀悼の意を表し、深く謝意を表したいと思います。

赤沢正敏氏のこと

永井義雄

アジア・エートス研究会との関連で言えば、マルクスとヘーゲルの研究者だった赤沢さんはアジアの中で日本を捉えるという研究視角の主唱者の一人で、ベンサムやデューイの研究者だった山田英世氏が文部省在外研究をセイロンに選んだのに劣らない現地調査に対する関心を持っておられたとぼくは思う。

赤沢さんの「低開発国理論における方法論的問題」(『アジア近代化の研究』所収)はつまるところ資本主義を差別を内包する自由主義と捉え、そこから先にアジアがどう進むかを見据える必要を提起したものと言っていい。この問題意識が会員のどれほどの人に共有されていたかをぼくは知らないが、その意識を分有しなかったものも含めて、三十五年前の若かったわれわれは、アジア諸国に対して、日本にない近代化の道を期待し、ある種の夢を抱いたことを、赤沢さんの問題提起は物語っているであろう。それは日本の近代化に対する一種の批判と、日本のこれからの展望をも語ろうとしていた。

『教育と哲学』第十八号（一九七〇、赤沢正敏教授追悼号、この雑誌は戸谷修氏のご尽力で拝借できた。感謝申し上げる）を読むと、赤沢さんの学問・教育・人柄がよく分かる。ぼくの赤沢体験は少ないが、赤沢さんが心血を注がれた訳書ヘーゲル『法の哲学』（藤野氏と共訳）を担当した中央公論社の編集者に後日会ったことがある。この訳書は『世界の名著』シリーズの第十三回配本であった。毎月一冊の刊行を守ってきたのにこの訳書は予定の月に出なかった。いわば穴が開いた。そのことについて編集者は二年後にもまだ憤懣が収まっていなかった。「わたしは学問的良心を捨ててくださいと何度も電話で叫びましたよ」と、彼は言った。ぼくは学問的良心を捨てなかった赤沢さんを壮とすると同時に、その良心がわがままと映るであろう編集者の仕事にも思いを馳せた。わがままと考えなければ学問的良心を捨ててくださいなどと、人は滅多に言えるものではない。事実、両者は分けがたい。これは他人事でなく、ぼく自身が何度も編集者に泣く思いをさせた。

赤沢さんの分担部分の訳注は多いし、苦心の訳語がいくつかある。この追悼号では共訳者藤野さんの文章と、親友亀山さんの文章が赤沢さんの苦労をよく伝えている。赤沢さんが腎臓に持病を持っておられなかったら、おそらくアジア調査に出かけられたであろうし、

「方法論」という原理的問題のみならず実際の具体的問題に喜んで取り組まれたであろう。しかし赤沢さんがヨーロッパ哲学からアジアにも関心を拡大されたことの中に、わたくしはやはり時代を感じる。戦後のわれわれに課された学問的課題は正確な世界認識を持つことなしには日本の進路は誤るというごく当たり前のことであった。けれども各方面のグローバル化が進んだ今日と違って、当時は海外に出ることは困難であったし、ヨーロッパとアジアとの双方に関心を配ることは資料と情報蒐集の困難もあって容易ではなかった。そこを時代に先駆けてヨーロッパ研究者がアジア調査に出ること、そのための資金調達に努められた赤沢さんたちにわたくしは敬意を表することを惜しまない。日本の過去の対アジア関係をきちんと整理し、インド（仏教）と中国（儒教・朱子学）の古典のなかでわれわれが今なお近代を生きていることを視覚的に捉え直さなければ、日本がグローバリゼーションの中を生き抜くことは難しいと、赤沢さんはいまでも語りかけているように感じる。

わたくしは、その後、イギリス近代社会思想史の勉強を続け、奇しくも山田英世氏が先鞭をつけられたベンサム研究に入り込み、ベンサムとヘーゲルの類似と相違が面白いことに気づいた。赤沢さんとその議論をしてみたかったし、何より今のアジア観を聞いてみたい気がする。

寺田文市先生——なつかしいマレーシアでの想い出

戸谷　修

寺田文市先生はアジア・エートス研究会設立当初からの方で、当時椙山女学園大学の先生だった。たしか、教育学をご専門とされていたと記憶している。私が研究会に入った頃、私は若かったこともあってか、寺田先生はとてもお年寄りに見えて、好々爺という印象が強かった。先生は大学の教授というよりは、誰にも好感を抱かせる田舎のおじいさんというタイプの方だった。いつでもにこやかな笑顔をたたえ、やさしい感じの方であったので、当時若かった私たちも気軽に語りかけることのできる先生であった。

知り合ってから長いおつきあいであったから、寺田先生についての思い出は断片的ではあるが多い。その中でも先生の思い出というと、ほほえましい剽軽な先生のお姿が目に浮かぶ。もっとも印象に残っているのは、一九六五年に私がはじめて東南アジアの調査に出たとき、先生とは同じマレーシア班で三カ月程ご一緒にマレーシアで過ごしたときのことである。クアラルンプールに滞在して一カ月程過ぎた或る日、モスクの前を通りかかったときのことである。黒いイスラム帽をかぶってモスクから出てくる一人の老人に出会った。よくみると、寺田先生だった。先生はマレーシア滞在中、イスラム教徒になりきったような風貌でモスクによく通われていた。一つのことをやりとげるまで、ねばり強く黙々とがんばられる先生だった。

マレーシア調査での寺田先生の分担は、当地域のイスラムの実態を調査研究することだった。私たちがマレーシアとセイロンへ出発するとき、記者からそれぞれどんなことを調査してくるかをインタヴューされたことがある。当時としては海外での調査研究はとても珍しい時代だったのである。その記事は毎日新聞の一九六五年二月十五日、その日は私たちが羽田空港から出発した日であるが、その日の新聞に広いスペースで報道されている。寺田先生はそのとき、「マレーシアへいったら、イスラム教が近代化の進む中でどのように対応しているのか、また、アラブで成立したイスラムがマレーシアではどのように変容し、民衆の生活に根付いているのかを調べたい」と抱負を語っていられる。熱い炎天下のマレーシアでの先生の調査研究は「マレーシアの宗教事情」と題してアジア・エートス研究会が刊行した『アジア近代化の研究』に収められている。

マレーシアから帰国して、まもなく先生は岡崎女子短大の学長として迎えられ、とても多忙な日々を過ごされることになった。晩年、腎臓を患われ、人工透析をやっておられたが、一九八四（昭和五九）年七月亡くなられた。鋭い議論を闘わし合うような方ではなかったが、お人柄のとてもよい穏やかな先生であった。亡くなられてから十数年経ったが、いまでも、ふっと街角で先生とお会いできるような気持ちになることがある。

マレーシアでの伊藤忠好さん

村上公敏（前近畿大学教授）

先生は教育学畑を歩んでこられ、ペスタロッチの教育思想や民族教育学などを手がけておられた。

一九六五年当時、愛知教育大学教授で、マレーシア、スリランカ調査ではご一緒させていただいた。

とくに私たちマレーシア班ではマレーシア文化の概略のほか、インドネシア語の素養のある忠好氏から、調査出発前の研究会でいろいろと手ほどきをうけた。たとえば言葉。インドネシア語と極めて近似性の高いマレーシア語について、たとえば、ブラパー brapa、いくらですか、とか首都クアラルンプール Kuala Lumpur の意味が、川が寄せ集まる泥川の場所という具合に私達の調査に役立った。

マレーシア調査では、マレー半島北東部の後進地域といわれたケランタン、トレンガヌ州方面に調査に出かけたことがある。主として州政府など行政府をたずね歩いた。その時、忠好さんはクアラルンプールから豊田通商で貸してもらった車をほとんど一人で三日間程運転した。ただ年齢以上に、イギリス時代にできたマレーのスピードの出る道路を猛烈に運転した。同乗の運転できる亀山健吉さんなどはヒヤヒヤ「忠好さん、もっとゆっくり」、でも忠好さんはおかまいなくすっとばす。

にこやかでユーモラスな顔つきで、ジョークが得意だった忠好さんは今は故人である。

マレーシアの一九六五年からの総合教育制度改革についての実地調査の結果をまとめられ、その内容と問題点を鋭く指摘されたことは私達のその後の糧になっている。

佐藤信雄先生を偲んで

戸谷　修

佐藤信雄先生は池田長三郎先生と同じく名古屋工業大学の先生で、アジア・エートス研究会が設立された当初からのメンバーであった。教育社会学を専門とされていた佐藤先生は私よりかなり年上の方であったこともあって、気楽に冗談を交わし合うようなことはなかった。佐藤先生が名工大に勤めていられる頃は、池田先生を陰になり日向になって細かい面にわたたって支えてこられたように思う。池田先生は何か面倒なことがでてくると「佐藤さんに頼んでおいてくれないかなあ」とよくいわれたものだった。名工大を定年退官されたあとは、しばらく東海女子大、そのあとは新設された名古屋女子大文学部に勤められたが、一九八九（平成元）年、癌で亡くなられた。

長いおつきあいであったから、佐藤先生についての思い出は多い。その一つに、アジア・エートス研究会で一九六五年はじめて海外調査に出て、私がセイロンへ立ち寄ったさい、二カ月前からセイロンへきておられた佐藤先生にずいぶんお世話になったことを思い出す。三十数年も前に書きとめた私の当時の調査日誌をひきずり出してみると、一九六五年四月三十日、私は二カ月余り滞在したマレーシアを離れて、夕方暗くなった頃コロンボ空港へ到着、それから安宿のニッポンホテルに入ったら、佐藤先生がロビーで待っていてくださったと書いてある。空港からコロンボの宿にいく途中、雨の降る夜のコロンボの街は真っ暗で、とても淋しく感じただけに、佐藤先生のお出迎えは非常に嬉しかった。また、私が日本へ帰るときも、確かマドラス、カルカッタ、香港を経由して日本へ帰ったのであるが、カルカッタまでは佐藤先生と一緒だった。

私はマレーシアの調査から帰り、しばらくしてアジア・エートス研究会の事務局を担当することになり、毎回開かれる研究会に、一人でも多くのメンバーに出席してもらいたいと思ったものだった。毎回、必ず研究会に出席していただける方はとても有り難い方々であった。その一人が佐藤先生であった。

佐藤先生と一緒にやってきたことで思い出に残ることといえば、「発展途上国における社会変動と教育の比較研究」というプロジェクトをつくり、一九八〇年度から三カ年間、文部省科研費を受け、精力的に行なったことである。よい成果をあげることが出来た。その中で、とりわけ思い出深いことは、一九八二年十月上旬、広島大学で日本教育社会学会第三十四回大会が開かれ、私たちのグループがすばらしい研究報告をしたときのことである。とくに若いメンバーは燃えていた。研究報告がすべて終わったとき、私の隣りに座っておられた佐藤先生が「うまくやれてよかったね」と囁かれたのが、印象深く思い出される。研究報告の終わった夜、私たちグループのものたちはネオンに彩られた広島の繁華街へ出て、銘酒「酔心」の本店で名産の牡蠣を酒の肴にして、夜遅くまで飲み語り合ったこともなつかしい思い出となっている。佐藤先生のもっとも活躍していただいた頃だったと思う。

研究会を行なえば、いつも必ずお会いできた佐藤先生の姿はいまはみられない。二十数年間、おつきあいしともにこの研究会を支えあってきた佐藤先生のような旧友がつぎつぎと亡くなっていくのは、私にとってとても心淋しいことであった。私の手元には四十年も前だろうか、お互いに若かったとき、名工大のキャンパスで写した一枚の、今はセピア色になってしまった佐藤先生との写真が残っている。

山田英世さん——思い出すままに

村上公敏

倫理的な方面を探求されていた山田英世さんは、プラグマティズムと価値意識からエートスの問題にとりくまれていた。

スリランカ（当時のセイロン）の現地調査が決まったときには、すでに山田さんは文部省の文部省在外研究員としてスリランカにいたため、エートス研究会では先遣隊ということになっていた。

おかげで、一九六五年に本隊がスリランカに行ったとき、山田さんが便利・重宝なインフォメーションを与えて下さった。マレーシア班が遅れてスリランカに行ったときも、コロンボだけでなく、キャンディ、シギリア、アヌラーダプラ、ポロンナルアなどの古都、遺跡に連れて行って下さった。

私と山田さんはそれだけではなかった。一九七四年度文部省科学研究費を得てインドネシアとフィリピンに現地調査に行った際、同じフィリピン研究をご一緒させていただいたことである。中部ルソン・タルラックでは雨の降りしきる家に泊って濡れる中を調査を続けた思い出も深い。マニラから船でセレベス海を渡り、ミンダナオ島ダバオへいき、周辺の農山村のバゴボ、モスレム、アタスなどの習俗と文化摩擦をダバオ市当局のお世話で行なった。

これらを通じて感動したのは、山田さんの現地インフォーマントからの聞きとり調査の手法である。実に的確でスムーズである。同行の通訳大野拓司君（現朝日新聞シドニー支局長）も感じ入っていた。帰国後、愛知教育大学の山田研究室で話し合ったとき、私がそのことを話すとニソッと笑っておられた。私に向かってあなたも大したものでしたよ、と一言。今は故人、なつかしい思い出である。

畏友・後藤宏行さんを想う

戸谷　修

後藤宏行さんとはかなり以前からの友人であった。後藤さんは一九六〇年代の中頃、名古屋学院大学が設立されたとき、社会学の先生として名古屋に来られた。名古屋学院大学ではその後、理事の一人として活躍されていたが、一九八九年一月、思いがけない病いで忽然と去っていかれた。

私は後藤さんが名古屋に来られる以前から、名前だけはよく知っていた。一九五〇年代の中頃、中公新書で『陥没の時代』（一九五七）を出して、若き論客の一人として颯爽と登場されていたからである。そのとき、彼は二十六歳であった。また、後藤さんは毎号、日本社会の深層を明らかにして話題をよびおこす雑誌『思想の科学』を出していた思想の科学研究会の有力なメンバーの一人で、久野収先生や鶴見俊輔先生らと共同研究でよく知られている『共同研究――転向』を著わし有名であった。しかし、住まいが鎌倉だったこと、それに思想の科学研究会の中心メンバーの一人であったことから、私は彼にアジア・エートス研究会に顔を出してもらうのをためらっていた。

しかし、一九七〇年代に入って、私たちは「近代化と伝統的価値意識」について、もう少し理論的に整理しなければならないと思っていた頃、私は後藤さんに論文の抜き刷りを送っていただいたお礼の葉書に、一度、アジア・エートス研究会で話していただけないだろうかとお誘いをした。後藤さんは快く承諾され、その年九月の月例研究会で話してくださった。このときの研究報告は『アジア調査会月報』(一九七四年から『アジア時報』と改称)一九七二年十一月号、十二月号に「近代化におけるアジア的特質」と題して掲載されている。その後、後藤さんは時々、研究会に出席してくださるようになった。後藤さんが私たちの研究会でもっとも力を入れてくださったのは特定研究「文化摩擦」で共同研究をしているときだった。

後藤さんは見かけはヌーボーとした方であったが、それぞれ対する相手には細心の気配りをされる方だった。名古屋学院大学で刊行された『後藤宏行教授追悼論文集』で、或る先生の追悼文を読むと、後藤さんは教壇に立ったとき、ポケットに小型のテープレコーダーを入れて、自分の講義をいつも再検討しながら、次回の講義に備えるという心配りをされていたことが述べられている。

私は、みすず書房からヒルドレッド・ギアツの『ジャワの家族』を一九九〇年に訳出しているが、この訳書は後藤さんがみすず書房の編集長と親しくされていて、お世話して下さったものである。この出来あがった訳書を後藤さんにみていただくことのできなかったことが、いまなお心残りとなっている。

インドネシア調査の記録ノートより

布川清司（神戸大学名誉教授）

約四十年の長きにわたって活動してきたアジア・エートス研究会がいよいよ閉会となる由、一九七五（昭和五十）年に愛知県を去った私はその後なんのお手伝いもできず誠に申し訳ない次第でしたが、一抹の感懐を覚えます。私はアジア・エートス研究会で比較民衆倫理思想の重要性を知らされ、実際に一九七四（昭和四九）年にインドネシアでエートス調査に従事して多大の収穫を得ることが出来ました。またこの調査は私にとって初めての海外旅行であり、その意味でも私の人生にとって有意義なものでした。さらにこのとき前田先生・戸谷先生と分かれひとりでシンガポールへ行ったとき、悪性の下痢に襲われて不安な日々を過ごしたことが、一層この旅行を私に忘れられなくさせています。そこで今回はそのときの日記の部分を抽出することで、当時の私の感想などを披露したいと思います。

一九七五（昭和五十）年一月二十日

六時起床。六時三十分朝食。八時、前田・戸谷の両氏出発。九時四十五分のガルーダ航空でスマトラのパレンバンへ。いよいよ私一人。九時、Mr. Budhiman（日本から一緒に来た我々の通訳）の弟が迎えに来てくれる。その車でジャカルタ、ハリム空港へ。外国行きのチェックインの場所を聞いてもらおうとしたら、彼なにを勘違いしたのか、この間、私が尋ね尋ねて行ったシンガポール航空のオフィスへ私を連れて行った。リコンファームと間違えたらしい。十時まで外のコンコースにいたが、チェックインまでまだ一時間もある。十一時半までは良いといってくれたが、チェックインの場所が国内線と同じであることが分かったので、帰ってもらうことにし、一千ルピアを包む。コークを二本四百ルピアで買ったので、結局、タクシーで空港へ来るのと同じくらいになったが、初めて一人で旅立つジャカルタの空港へ彼が来てくれたことは大変に心強かった。

メッカ帰りの人を迎える人々が黒山のように飛行機の到着を待っている。久保田氏の話では、コレラが一緒にインドネシアに入っているという。恐ろしいことだ。

十一時、チェックインの時間になったので、初めて一人で手続きをする。応対してくれた男はきわめて愛想良かったが、トランクを計量していた男がしきりに私に何かいう。中身を見せろというのかと思い、鍵を取り出したら違うという。重量超過かと思ったが、私の見ていた限りでは、せいぜい二十一キログラム、かれも dua plue といっていたので、二十キログラムに違いない。しきりにワンサウザントというところからすると、どうやら私を旅慣れない旅行者とみて一千ルピアせしめようとしたものらしい。私が 'tidah saya ta munglity' と二回インドネシア語でいったら、苦笑いして私のトランクをベルトに載せた。外国では言葉を知らないで損をする場合と得をする場合とがあるが、この場合は後者の例。もし私の予想どおりなら、インドネシア語の勉強が初めて私を助けてくれたことになる。

十二時五十分　ＳＱ２０３

乗ってから一時間十分。降下を始める。また耳がおかしくなる。今回は飴をたくさん貰っておいたので、それをなめなめ我慢する。上昇のときはこういうことはないのだが、降下のときはいつもこうなる。もう到着も間近かだ。陸地が見えてきた。結局、六二五ルピア残る。シンガポール航空は国際線ゆえ煙草が買えると聞いていたのでそれで煙草を買おうとしたのだが、スチュワードの英語が聞き取れない。五百ルピアと百ルピアの紙幣なのでお土産として持ち帰ることにする。

シンガポール空港着

本当に入れてくれたかちょっと心配だったトランクも無事に出てきた。ただ、送迎バスの中からトランクの扱いを見ていたら、どんどん投げ出しているので、中の木彫りの彫刻が無事かどうか心配。

空港を出てトランクをボンド扱いにしようとしたら、預かり料が全部で十五ドルという。あまり高いのでいったん断ったが、アッと気付いてシンガポールドル？といったらYESという。結局、私がシンガポールドルをUSドルと間違ったことが分かる。それにしても一日五シンガポールドル＝六百円ほどというのは、高い預かり料ではある。

ホテルは戸谷氏から聞いていた、Tで始まり、道路と同じ名前、ラッフルズホテルの近くという事で、空港内の案内所で探してもらったら、それはTHA AN HOTEL（実際はTONG AH HOTEL）らしいことが分かる。そこで電話で予約を取ろうとしたが、向こうの男の英語がさっぱり分からず、案内嬢に代わってもらってやっと一泊十五シンガポールドルの部屋を三泊予約する。

タクシーで連れていかれたところは、チャイナホテル。ドアを押して中へ入ったら何も見えない真っ暗闇。アッと小さく叫んで突っ立っていたら、どこからか女の声がして、'Hotel upstair'という。正面をよく見ると、Hotelと書いて↓がある。ここは一階が喫茶店、二階がホテルになっているのだった。案内された部屋は十二畳ぐらいのだだっぴろい部屋。ダブルベッドが二組、計四人寝ることができる。あまり安いので戸谷氏がいっていたホテルではないだろう。しかしバリなどの guest house と同じ程度なのでここで我慢することにする。

私のすぐ後から泊まりに来たアメリカ人らしい六人連れが満員と聞いて元気なく帰る。YMCAも満員だといっていた。私の場合は運が良かった。すぐにエクアトリアルホテルに電話でキャンセルを入れる。この部屋一泊十二シンガポールドル＋税＝十三シンガポールドル、USドルにして五ドルほど。料金もバリのゲストハウス並だ。ただ、この部屋、Beach Road と China Town の通路に面した角の部屋のために車の音がとてもやかましい。夜、寝ることができるか心配。

宿に落ち着いてから、腹の調子が本格的に悪くなる。二、三日前から少し様子がおかしく正露丸を飲んでいたのだが、今度は効き目がない。こんな場合は細菌性の病気だから抗生物質の薬を飲まなければならないと、別れ際に戸谷氏から聞いていたので、やむを得ず、戸谷氏からもらってあったクロロマイセチンを飲む。五時から七時まで二時間ほど腹がときどきひどく痛み、下痢を何度かする。しかし薬を飲んでから次第に痛みは間遠になった。やはり細菌性の下痢だったらしい。抗生物質の効き目のすごいことに感謝した。四時間おきに、九時、一時、五時、九時、一時と一日分飲み、様子を見ることにする。夜食事のために起き上がったら体がひどく衰弱していることに気づいた。下痢をすると、体から力がぬけることは恐ろしいほどだ。しかし近くの中華料理店で中華そばとスープを食べたら、一口ごとに力が体中に満ち溢れるように感じた。

痛みがひどいときは、しきりと帰国のことが頭に浮かんだ。インドネシアでの疲れが溜まっていたところに何か細菌性の食べ物を食べたのだろう。今のところ体の具合の悪くなった時間から考えると、バリの地酒を私が一番たくさん飲んだためか、あるいは潜伏期間が長ければ、二日ほど前にバリの農村でご馳走になったヤシの汁を入れたコップがあやしい。(後で聞くとあとのお二人は大丈夫だったそうだから)私ひとりあとで薬を飲まなかった、これが一番の原因と思われる。病気をしないことが、唯一の自慢だった私だが、初めて正真正銘の病気になった。戸谷氏の抗生物質がなかったら飛んで日本に帰るか、現地の病院に入院するかどちらかであった。

今日はこの病気のために、昼から夜中にかけてベッドの中で転々とした。騒音は真夜中に入るとさすがに少し鎮まったが、それでも朝の五時からまた騒がしくなった。熱が夜中に少し出て、大変に寝苦しい夜だった。

一月二十一日
朝、一寸寝入って眠いところを七時ごろに無理して起きる。目の前の中華料理の屋台で外国人たちが、フライパンで揚げた卵入りのホットドッグ様のもの（煎糕）を食べている。あれなら火が入っているから大丈夫だろうと思い、一つ食べてみる。インド人の作るところを見ていると、丸い肉まんぐらいのものを一つ手にとって台に置き、それを叩いてコネながら、投網を打つように四方に広げ、直径三十センチぐらいにまで薄く延ばし、そこへ卵をひとつ割って落とし、焼き上げる。ＮＥＣの島倉さんが「トアミ」といっていたのはこれだなと了解した。かれの話では大変に美味しいということだったが、病み上がりのせいかあまり美味しいとは思わなかった。
この日は薬が残り少なくなったので、薬を求めて街中をうろうろした。薬屋を二軒見つけたが、いずれも医者の処方箋がなければ売れないと断られる。二軒目の中国系の店では、処方箋がいるといったおばあさんに、「医者はどこにいるんですか」と聞いたら、「いまはランチタイムだ」とえらい剣幕で怒られた。
一月二十二日
なれたせいか昨夜は良く眠れた。十一時～六時まで久しぶりの快眠という感じ。お腹の具合も薬のせいでだいぶ落ち着いてきた。昨夜の九時、いったんは飲まないで寝たが（なにしろ貴重品なので）、心配になってあと一粒飲む。八時間あいだをおいて飲んだことになる。

ＧＰＯ（中央郵便局）を出て、シンガポールの心臓部を歩く。ふと通りかかったインド人の経営する薬屋で半ば諦めながらも聞くと、なんと黙って売ってくれるではないか。よほど高いかと思ったら、そうでもない。十六シンガポールドル、千九百円ほど。十六錠入り。このぐらいならもうひとつ買ってくるんだったとあとで後悔した。私がたまたま中国系ではなく、インド系の薬屋にとびこんだので良かったらしい。売ってくれたインド人がなぜかにやりと笑って thank you といった。後で分かったのだが、このクロロマイセチンは性病予防の効果もあるそうで、あのにやりの笑いはその意味からであったらしい。

三時半、久しぶりの雨、シンガポールに入ってから初めての雨だ。インドネシアほどひどくないなと思っていたら、そのうち急に激しくなった。雷も凄い。稲光も凄い。ほとんど同時にガシャンと来る。窓から外を見ると、その中を外国人の女性が二人傘もささずに悠然と歩いている。そのタフネスさ（ものに動じない態度）に感心する。

ひどいスコールもちょうど五十分で上がった。向かい側の中国人の屋台は排水が悪い為にもう水に浸かっている。そこを車が泳ぐように通る。押し分けられた水が波となって両側の屋台に押し寄せる。

インドネシアとの違いについて考えてみた。一番大きな違いは、町中に中国人があふれているということだ。シンガポールの人口の七五％を中国人が占めるというから当然のことではあるが……。また私の泊まったホテルがチャイナタウンにあるので一層目立ったのであろうが……。

第二の違いは、シンガポールがコスモポリタン的であること。インドネシアでは、圧倒的にインドネシア人が多く、それに中国人・西洋人がくっついていた感じだったが、ここでは中国人はいうまでもなくインド人がかなり多いし、イギリス領であったところから、西洋人もインドネシアよりは多い。またシンガポールは交通の要地ゆえに通過客として足を留める人も多い。こういう点もシンガポールをコスモポリタン的にしている理由だろう。

思いがけず中国人の安宿に泊まることになったおかげで、得るところが非常に多かった。近代的なエクアトリアルホテルにいたら、おそらくこうはいかなかったであろう。とくに病気で動けなかっただけに、高いホテル代が悔やまれたのではなかろうか。

一月二十三日

昨夜はなかなか寝付かれなかったので、ものは試しと部屋の隅にあった、長い枕様のもの（翌朝ホテルの支配人に尋ねたら、枕頭というのだそうな）を抱いて寝たら、とても調子が良くて、日本を出て以来、初めて熟睡できた。こんなことならもっと早くから使うのだった。昨夜は表の通りの騒音も全然苦にならなかった。十時ちょうど、支払い（一三シンガポールドル×三＋税の一シンガポールドル＝四〇シンガポールドル）をすませて外へ出る。後で気が付いたのだが、最初は一泊税込みの一三シンガポールドルであったはずなのだが、出るときにはすっかりこのことを忘れていた。タクシーを拾ったら、来るときは六シンガポールドルしたのに、今度は五シンガポールドルですんだ。ここはメーターを使わないのでマチマチだ。（以下略）

（二〇〇二年八月九日　再録）

研究会との出会い

黒柳晴夫（椙山女学園大学）

私がアジア・エートス研究会の存在を知るようになったのは、一九七六年に愛知学院大学教養部に勤務するようになった頃からであった。しかし、その当時は、学部学生時代に講義を受講したことのある山田英世先生等が参加していたことから、哲学や思想の領域を専門にした先生方の研究会だとばかり思っていた。

その私がアジア・エートス研究会に関心を持つようになったのは、研究会のメンバーに農村社会や農村家族の社会学的研究をされていた戸谷修先生がおられることを知ったからであった。大学院で農村社会学を中心に勉強してきた私は、日本における農村社会の共同体的性格とその構成単位である農村家族の構造的特質を明らかにすることを研究課題としていたが、東南アジアの双系的な結合原理を持った稲作農村社会との比較研究は、それに新しい知見をもたらすのではないかと考えていた。

そこで一九七八年の初め頃だったと思われるが、地下鉄の星が丘駅から愛知学院大学までのスクールバスでお言葉をかけていただくようになった前田惠學先生に、意を決してアジア・エートス研究会へ参加させていただきたくお願い申し上げた。前田先生から、さっそく戸谷先生に取り次いで下さるとの有り難いご返事をいただいた。それからしばらくして、戸谷先生からアジア・エートス研究会開催の案内をいただいた。その研究会こそが、私が最初に参加させていただいた研究会で、一九七八年四月十五日に県立図書館の視聴覚室で開催された月例研究会であった。

事務局を担当した研究会について思うこと

神谷信明（岐阜市立女子短期大学）

私がアジア・エートス研究会と関わりをもったのは、一九七五年頃と記憶している。戸谷先生から紹介され入会し、しばらくして事務局も担当することになった。当時は池田長三郎先生を会長に、そして主に東海三県に勤務する仏教学、宗教学、社会学、政治学、教育学、文化人類学などのそれぞれの専門家をメンバーとする研究組織であった。毎月の研究会には十五名位のメンバーが参加し、報告者の発表の後に、それぞれの立場から熱心に質疑・討論し、地味ながら中身の伴った研究会が四十年あまりも続いてきた。単に研究会だけでなく、この会を母体として各種の出版物を刊行したり、海外調査などを行ない、数々の成果をあげてきた。私自身もこの研究会を通じて多くのことを学び、育てられた一人である。

その中でも特に印象深いものの一つは、一九八四年七、八月の二か月間、前田惠學先生を団長とするスリランカの海外調査に同行し、この調査を通じて多くのことを学ぶことができた。最もこの本調査に先立って、文部省の在外研究費を得て一九七八年七月から三か月間、スリランカの宗教事情調査を、さらに一九八二年十二月から一月の二か月、高橋壮先生と予備調査を実施したこともあって、この本調査がスムーズに実施できたことは幸運であった。当時スリランカはジャヤワルデネ大統領がアメリカ、日本をはじめ西欧諸国との経済協力のもとに、スリランカの国建設に国家の威信をかけていた頃であった。そのような状況の中でわれわれの調査は「スリランカ上座仏教の存在形態とその社会的役割に関する調査研究」という課題のもとに文部省の海外学術調査費を得て、前田先生以下七名の共同調査を実施した。また『現代スリランカの上座仏教に関する総合的研究』に対して朝日学術奨励金の受賞を得ることができ、前田先生をはじめ七名の共同調査メンバーにとって大きな励みとなった。最終的には『現代スリランカの上座仏教』となった。

このような輝かしい歴史をもった研究会であったが、この数年来、研究会に集まっていただく会員の日程や報告者との調整が困難になってきたことや、海外調査も必ずしも科研費に依らなくても個人で海外調査もできる時代になったこと、さらにはかつてご活躍いただいた人の死亡や会員の高齢化が進み、またこの種の研究組織がこの地域でも多く設立されてきたことなどもあって、関係の先生方と検討した結果、四十年あまり続いたアジア・エートス研究会は閉じることになった。

事務局としていろいろ行き届かない点があったかと思いますが、ご容赦いただきたいと思います。会員の皆様には長い間ご協力いただきましてどうもありがとうございました。

アジア・エートス研究会と私

吉原和男（慶應義塾大学）

一九七〇年代の終わりに大学院を修了して名古屋で勤務することになった時、初めて戸谷教授からアジア・エートス研究会をご紹介いただいた。ほとんど知人のいない土地に赴任することは心細いものであるが、温かく迎え入れていただいたことをたいへんありがたく思っている。日頃の定例研究会では専門が異なる参加者の意見や見解に学ぶことができて大いに勉強になったし、研究会のあとのお茶の一時も楽しいものであった。

研究会の活動として私にとってとりわけ有意義であったのは、文部省科研費による沖縄での調査活動に参加させていただいたことである。戸谷・石川・重松という三人のベテランの先生方から学ばせていただいた調査技法や心構えはその後の研究にどれほど役立ったことであろうか。私自身はこの調査研究にほとんど貢献せず論文もまとめることはできなかったが、東アジアにおいて中国文化が与えた影響を沖縄において実際に見聞できたことは、約二十年後に私自身が研究代表として組織した慶応義塾大学地域研究センターのプロジェクト「中国人の移動と文化創造」（一九九九―二〇〇二年）に繋がり、いま結実しつつある。

私が三十歳代から一貫して関心を抱いてきたことは華僑・華人の文化変容の問題である。ここで言う「文化」は最も広義のものであり、社会組織や制度も含むが、中国人社会における家族・親族制度とそれを支える父系出自原理と中国的コスモロジーや儒教倫理が移民社会においてはどのように維持され、あるいは変容するのかということに関心を持ち続けてきた。海外へ移民した中国人とその子孫が構成する華人社会は世界各地に散在し、居住するそれぞれの国家の制約を受けながらも独自性を展開しているが、個別の国家を越えて共通したものを維持している側面が見られる。その一つは、父系出自原理によって家族を構成・継承し、同じ原理で親族をも形成しようとする強い傾向であるが、特に後者の親族組織については移民社会ならではの特徴を見せているように思われるのである。

中国社会とりわけ華僑の出身地である華南における親族組織は「宗族《そうぞく》」として知られるが、これは世代深度が相当なければ成立しないし、また財産共有体としての存続は存立基盤としていくつかの条件を必要とするので、移民社会においては中国におけると同様な親族組織を成立させにくい。そこで代替的な機能を果たすべく考案されたのが宗親会などの同姓団体である。香港のほか、タイ、マレーシア、シンガポール、フィリピンなどの東南アジア諸国、そして北米では十九世紀から存続する同姓団体は、父系の系譜関係は明らかではないが、「同姓であることは父系血縁があることの証拠である」という主張を根拠にして成立している。今日、同姓団体は前近代の中国における宗族やその合同組織をモデルにして結成された任意加入組織であることが明らかになった。

華僑・華人はディアスポラ化してさまざまな社会・文化的環境のなかで生活圏を築いてきたが、一貫して中国的アイデンティティを維持してきたから「華僑・華人」と呼ばれる訳であるが、そうではなく中国的アイデンティティを喪失した人々も少なくないことは言うまでもない。また中国的アイデンティティを持続させている場合でも、彼らが表出するエスニシティは決して不変であるのではなく、常に居住地への適応の結果として変容を伏在させていると言うべきであろう。

居住国の生活環境に応じて創出された社会組織の一つとしての同姓団体は、かつては祖先祭祀を大義名分としながらも相互扶助と親睦の促進を主目的としていたが、居住国における生活水準の向上に伴ってそうした機能に対する期待が相対的に小さくなった場合には、現在のタイ華人社会において見られるように、後続世代に対する文化価値の伝承を組織の重要目的として設定することがある。

ところで、沖縄の親族組織である「門中」は琉球王朝時代に明・清期中国から伝えられた儒教および父系親族の構成原理の強い影響をうけているが、中国から伝播したものが沖縄の人々に受容され、なおかつ沖縄的に変容しながら沖縄に定着したのであり、華人社会の文化や社会組織として存続したのではない。

また朝鮮半島では、儒教思想と共に伝えられた父系親族原理が、やはり「門中」という名称で発展して今日に至っているし、都市部では門中出身の同姓者の団体として「宗親会」が発達している。これらが中国の宗族ないしその合同組織といかなる相違を持つかは今後の研究を深める中で明らかにされなければならない。そして、こうした東アジアに存在する父系親族組織およびそれと密接な関係をもって派生ないし創出された任意加入の同姓団体についての比較にもとづく総合的研究はまだ緒に就いたばかりである。

東南アジア研究から学んだ私の研究方法

槻木瑞生（同朋大学）

私がアジア・エートス研究会に関わったころは、東南アジアに関する先端的な研究が日本全国で展開されていた時期であった。そうした波に乗ってアジア・エートス研究会も研究チームを東南アジア各地に送り、大きな成果を上げていた。

私の主たる関心は、当時も今も東アジアである。しかし当時の東アジア研究、特に文化や教育に関する研究は研究方法においてかなり遅れをとっていた。資料についての厳密な批判が行なわれていない論文や、イデオロギーから来る結論を前提にした論文が横行していた。そうした中で東南アジアを研究する人々が作り出す成果は大変魅力に満ちたものであった。アジア・エートス研究会は私にそうした東南アジア研究の成果を伝えてくれる場所であった。

月例のアジア・エートス研究会で報告される内容はしばしば私には理解不能であった。

スリランカの宗教？　フィリピンの農村？　単純な当たり前のことが分かりにくく、自分の頭の弱さを感じ、というよりはろくな勉強をしてこなかったことへの慙愧の念で全身に冷や汗をかくことが多かった。

やがてアジア・エートス研究会から始まって、東南アジア史学会やフィリピン研究会、南山大学で開かれていた東南アジア研究会にも顔を出すようになった。しかし相変わらずそこで行なわれる発表は理解できないことがらで一杯であった。しかし時々納得できることばに出会うようにもなった。そうした状態はまるで学部の学生が初めての授業を受けているようであった。

一九七九年にエートス研究会のメンバーに連れられてフィリピンに調査旅行に出かけた。もちろん調査などという上質なものではなく、私はただきょろきょろと驚いて眺めて歩くだけであった。しかしそうした経験が異質な文化に正面から向き合うことを教えてくれただけでなく、私のその後の研究活動を支えることになった。

このような状態では私のような者はとても発表などはできずに、長い間籍を置いたにもかかわらずアジア・エートス研究会ではとうとう一度も報告しないままに今日にいたっている。しかし私が手がけていた東アジア研究、特に満州の教育史については、少しずつそれまで学んだ東南アジア研究の方法を取り入れるようになっていった。大部分を私が手がけた『満州・満州国教育資料集成』はそうした結果であった。

東アジアについての仕事が多くなるにつれて、やがてエートス研究会に通うことが少なくなった。今でも東南アジア史学会の会員であるし、名目だけはアジア・エートス研究会にも所属しているが、仕事は全く東アジアに限られるようになってきたし、研究会や学会も多くは東アジアのものになってきた。うっかりするとこのごろは、どこか懐かしい想い出となってしまうこともある。勉強をさせてもらい、基本を作ってもらったにもかかわらず、申し訳なく思うばかりである。

近年、東アジア研究、特に満州研究が盛んになってきたことは私にとっては嬉しい限りである。それにつけても私の仕事の基盤を作ってくれたアジア・エートス研究会は、まちがいなく私の発想の一部をなしているものである。感謝すること、まさに多である。

調査に打ち込んだスリランカでの日々

大岩　碩（前金城学院大学教授）

一九八二年の夏、名古屋工業大学の今は亡き佐藤信雄教授とご一緒にスリランカに出かけた。これはアジア・エートス研究会に交付された文部省科研費で「東南アジアの社会変動と教育に関する比較研究」での調査研究であったと記憶している。私のテーマは、仏教日曜学校に関してであった。このスリランカ調査行は、前田惠學先生の率いるスリランカ調査団に加えて頂き初めてスリランカに足を踏み入れた翌年のことであり、しかも今度は自らがコーディネートしなければならない立場になり、随分緊張したのを覚えている。宿舎は、前田先生のご紹介により、前年の調査時に使用したコロンボの港近くのコタヘーナにある「ワラウワ」（大邸宅）を使わせていただいた。そこから三週間、佐藤先生とご一緒に教育局を含めた教育関連の政府組織に通うとともに、私は主にコロンボ市内ボレッラにあったＹＭＢＡ（Young Men Buddhist Association）に足しげく顔を出した。というのも

ＹＭＢＡが仏教日曜学校を統括していたからである。私は、仏教日曜学校の普及度を確かめるために各学校の申請用紙をコピーしたかったので、写真によるコピー機（装置）を持参し、フィルムロールを使って撮影した。当時のスリランカでは、コピー機が今程は普及していなかったのである。重たい思いをして持参したこともあって瞬時をおしまず教育局やＹＭＢＡに通ったのであるが、若かった私のペースに何の文句も言わずに付き合って下さった佐藤先生もついにダウンされ「ワラウワ」で休息されることになってしまった。その時抱いた申し訳ないという思いをいまだに忘れてはいない。その後佐藤先生も回復され休養を兼ねてケラニヤの大寺院にお参りしたりした。そこで、佐藤先生がカプラーラ（仏教寺院付属の神社の神職）の祈祷を受けられ満足げであられたことが印象的であった。無理を強いる若きコーディネーターへの不安を解消すべく日本への無事帰国を願われたのであろうと推測する。これが第一の思い出である。

次にもう一つ忘れられないことがある。それは研究会において発表させていただいた時のことであった。確か一九九三年の夏のころであったと思う。場所は東別院青少年会館であった。私は、前年度一九九二年度の一年間のスリランカ調査を終え、その調査結果を報告した。冒頭にも書いた通り、私が最初にスリランカに行けたのは前田惠學先生の調査団に加えていただいたからであるが、これは戸谷修先生のご紹介による。前田惠學先生、戸谷修先生とご一緒に、われわれはスリランカ中部の山地にあるウーラーポラ村を調査した。これが縁で私は爾来二十余年ウーラーポラ村を調査し、一九九二年度の一年間村に滞在することができたのである。その調査結果についての発表の席上、締めくくりとして、戸谷修先生が「われわれが行った時にはあまりよく分からなかった事がよくわかりました」と一言おっしゃってくださった。私は肩の力が抜けほっとすると同時に、私の心の内に、「ありがたい」という思いが熱波のごとく広がったのである。前田惠學先生は勿論の事、戸谷修先生に後押ししていただき、おかげで私のスリランカ研究も何とか今まで続いている。

このようにアジア・エートス研究会に関わらせていただいたおかげで私は有形無形の「財産」を手にいれることができたと思っている。振り返って見ると、ここまで恩恵を蒙っていながら、私自身研究会の活動に対して充分に時間を割き、尽力できなかったことが悔やまれてならない。後輩研究者を育てることに情熱をもたれた諸先輩方をどのように見習えばいいのか、これが今後のわれわれ世代の課題である。

研究会での思い出

池田年穂（共立薬科大学）

戸谷先生から、いよいよエートス研究会を閉じることになったというお知らせを頂きました。十年前に横浜に引き上げてからは、すっかりご無沙汰いたしております。

初めて寄せて頂いたのは、吉原和男氏の御紹介で、一九八一年のことだったと思います。その頃は、私は予備校で教えておりまして、学問とは遠く離れたところにおりました。研究会で初めて発表せよと言われた折りには、冷汗三斗、重松伸司氏からの厳しい質問にたじろぐばかりで、これは少しは勉強せねばならないなと肝に銘じました。尤も、生来の暢気さから、今に至るまで怠惰に過ごしておりますのは、研究会の諸先輩方に対し申し訳ない限りです。

考えてみれば、向井清史君に初めて会ったのも、この会に偶々彼が顔を出していた時でした。今でも、集中講義をお願いしたりしております。私にとって、まことに有意義な出会いをいくつも与えてくれた場でした。

現在勤務しております大学は、免許に結びつくため、受験者数などは心配しておりませんが、時間割がタイトで、人文・社会科学系の科目は集中講義として設置する方向に進んでおります。エートス研究会で御交誼を賜った諸先輩には、今後も御指導をお願いしたいものと考えております。

それにしても、今もって不思議なのは、例会の会場費などはどこから出ていたのかについてです。二、三年前に戸谷先生にお会いした際にも聞き漏らしてしまいました。自分でも友人達と研究会めいたものをやっていて、今更ながら、エートス研究会には甘えるばかりだったなあと感じております。

今夏の暑さは、例年にないものに思われます。諸先輩におかれては、一層の御健勝の程をお祈り致します。

タイのフィールドでの十年

馬場雄司（三重県立看護大学）

アジア・エートス研究会が、幕を閉じると聞き、私の中でも一時代がすぎたような気がしています。この研究会には、三重大学に非常勤に出かけていたときに、戸谷先生から紹介をうけ、参加させていただくようになったと記憶しています。一九八六年、まだ二十代のことでした。現在、三重県立看護大学で文化人類学の教員として勤務しており、再び三重大学でも非常勤をしているのも、何かの縁かと思ったりもします。

研究会では、中国雲南タイ族の東南アジア的な国家構造（一九八七）、ブータンの新築儀礼（一九八九）、北部タイの守護霊祭祀（一九九一）についてお話をさせていただきました。その後、研究会でお世話になったことが縁で、前田先生の上座仏教の共同研究にも加えていただきました。この間にいただいた先生方からのアドヴァイスは、二十代から三十代にかけての私の研究によい刺激となりました。ここに改めて御礼を申し上げたいと思います。

私がアジアの調査にかかわるようになったのは、一九八〇年、雲南の西双版納タイ族を訪問したのが最初で、以後、国立民族博物館の民族音楽調査団に加えていただき、ヒマラヤ南麓のネパールやブータンにも出かけました。そして、一九九〇〜一九九一年にタイ国チェンマイ大学に留学して以来、タイ北部のある村落を中心に、現在まで調査を続けています。

この間、アジアは大きく変化をとげました。とりわけ、中国、東南アジアの一九九〇年代以降の経済成長はめざましく（一九九七年、タイ発の経済危機がありましたが）人々の生活も大きく変化しました。

私が一九九〇年以来つきあっているタイ北部ナーン県のタイ・ルー（中国雲南省シプソーンパンナーを中心に居住するタイ系民族。ナーンへは二百年前に移住した）の村の例をお話しましょう。私がこの村を訪れたのは、一九九〇年にチェンマイ大学留学中に滞在したのが最初ですが、その時は、電話が一台もありませんでした。村びとに電話をかけるときには、郡にある電話局に電話をかけ、局員がメッセージを村びとに届け、村びとがまた電話局へ赴き、電話をかけなおすというしくみでした。ところが、一九九二年、村に電話局ができ、村びとは、そこへでかけ、電話をかけることができるようになりました。ただ、村びとに電話をかけるときは、電話局の人にことづけることになっていました。さて、これが、一九九五年になると、村の中に、電話ボックスが登場します。ただし、これは、一年間はボックスだけで、中に電話機がとりつけられたのは、一九九六年のことでした。そののち、電話をもつ個人宅は急速に増えていきました。九〇年代後半になると、タイでも、IT化の進展はめざましく、バンコクはいうにおよばず、チェンマイでもインターネットカフェが軒を並べるようになり、ナーン市にもお目見えするようになります。私は、村のフィールドワークの拠点として、寺院に寝泊まりしていますが、一九九七年にパソコンが導入され、寺の書類の管理などに使われるようになりました（私も出資しました）。そして一九九八年、この寺院に電話が引かれたことにより、インターネットも使用できるようになり、私は、突如として電話・インターネットで直接、日本から村の状況を知ることができるような状況におかれたのです。

村の状況の変化は、国家の政策や、国境を越えた動きなどとも関係しています。タイでは、一九九二年の民主化闘争以後の民主化への動きの中で、地方分権への動きが現れました。一九九〇年代初頭には、冷戦の終結に伴って、メコン中流域の中国、ミャンマー、タイ、ラオス四か国が共同開発への動きをはじめました。これは、かつての麻薬の中心地「黄金の三角地帯」を開発・観光の拠点にしようという意味で「黄金の四角地帯構想」と呼ばれています。ナーン県は、この構想の中では、ラオス北部の古都ルアンパバーン、そして雲南省へとつながるルートの要です。しかし、バンコクへと流れるチャオプラヤー川の支流ナーン川の水源でもあるナーン県は、環境保護を重視しています。そして、住民組織のネットワークの成功など、住民主体の開発という側面などを指して民主化のモデル地域と識者にもちあげられてもいます。ラオス北部の古都ルアンパバーンは近年、町ぐるみ世界遺産として登録されましたが、ナーン市も、町ぐるみでの世界遺産登録を目指しています。電線も地下に埋め、住民の生活自体も世界遺産とし、住民の生活を守りながら、ルアンパバーンと世界遺産同士の交流を果たそうという試みのようです。住民主体の開発と黄金の四角地帯構想の妥協点をここに見出すことができますが、確実に変化しつつある村びとの生活と、国家の政策、国境を越えた開発の微妙なバランスの今後は、不確かでもあります。

先に紹介した、私の調査村の場合、急速な変化の中、子供たちが昔の道具をみても使い方がわからなくなったので、村落博物館を設立し、説明のために道具を陳列しなくてはいけないような状況が生まれました。タイ語のコン・タオ・コン・ケー（老人：コン＝人、タオ及びケー＝老いる）という語は、知恵をもつ者というニュアンスをもっていますが、保健・福祉が多少とも充実してくるに従い、プー・スーン・アーユ（高齢者：プー＝者、スーン＝高い、アーユ＝年齢）という公的用語が普及します。文字通り「高齢者」の意味です。この語は、六十歳以上の人を指すことばですが、近年、タイにも老人クラブ（チョムロム・プー・スーン・アーユ：チョムロム＝クラブ）が成立し、「高齢者」の相互扶助・健康維持が意識されるようになったのは、「老人」（コン・タオ・コン・ケー）の知恵が変化する社会で有用性を失い、支援の対象としての「高齢者」（プー・スーン・アーユ）が登場した、というように考えられなくもないと思っています。

こうした問題は、私たち日本の社会でも考えられるべきことのように思います。インターネット・電話で即時につながるようになったフィールドは、異なる文化を持つ、異なる世界ではなく、既に我々と同じ俎上にあるということを念頭に、今後も、つきあっていこうと考えています。

アジア地域との関わりを振り返って

上久保　達夫（皇學館大学）

アジア・エートス研究会は一九六四年六月に産声をあげたとのことですが、この年に私は高校生になりました。この頃、日本は高度経済成長の真っ只中で、秋の東京オリンピック開催へ向けた交通道路網整備の一環として東海道新幹線が開業したり、翌一九六五年には名神高速道路が全線完成したように記憶しています。

私が海外旅行をしたのは一九六九年夏の大学生の時でした。私の海外への関心は、私の中学生の時の二年足らず、研究者であった父親が単身ドイツ留学（当時の文部省在外研究員として）をしたこともあってもっぱらヨーロッパに向いていました。大学生の時の初めての海外旅行は、ロンドン・パリ・ベルリン・ローマ等のヨーロッパ主要都市の訪問とイギリスを出発してポルトガルや北アフリカ・モロッコの港町に寄航し、地中海の入口ジブラルタルを往復する船の旅でした。

アジア地域との関わりは、小学生の時、同じクラスに在日韓国・朝鮮人の子がいて、一部は日本に帰化して日本名を名乗ったり、一部は北朝鮮へ帰国して行った者もいました。京都・桂に生まれ、小学校五年生の一学期までを当地で過ごしました。その後、広島へ引っ越して小学校・中学校・高等学校を終えることになるわけです。広島の中学・高校は修道学園に在籍するのですが、その学校に隣接する形で留学生会館のようなものがあって、近くの広島大学へ通う東南アジアからの留学生達をよく見かけたものでした。その後、私の海外への関心は前述した通りです。

前置きが長くなりましたが、私のアジア地域との直接の関わりは、今から十数年前のシンガポール訪問が初めてです。知り合いで、文部省派遣の元シンガポール日本人学校教員の方とのご縁によって海外日本人学校研究を始めることになるわけです。その後、二年間隔で一九九〇年には台湾の台北・台中・高雄、一九九二年にはタイ・バンコクの日本人学校の現地調査を行ないました。そして、一九九四年には新たなメンバー構成（研究代表は当時龍谷大学小島勝助教授）で、松下国際財団から助成を受けた「海外子女をとりまく教育環境の多様化と変容に関する比較研究」がスタートします。これは、今までの海外日本人学校のみならず、現地校やインターナショナルスクールに在籍する日本人子女も視野に入れ、文字通り海外子女の「多様化」と「変容」に焦点を当てたマレーシア・中国・オーストラリア三国の比較研究でした。そのマレーシア現地調査を行なうに当り、お知り合いになったのが、戸谷修先生というわけです。

確か、現地調査行前に当時マラヤ大学大学院に留学中の三宅郁子さんをご紹介いただき、三宅さんには現地での日本人子女の親のインタビュー調査にご同行いただいたり、マレーシアの首都クアラルンプール（ＫＬ）の街角の屋台やレストランでも食事をご一緒したことが懐かしく思い出されます。八月の暑い夏の夜の屋台での食事は、特にマレーシア的というだけではなく、タイのバンコク等にも共通するアジア的雰囲気を感じさせるものがありました。我々の帰国後しばらくして、留学を終えて戻られた三宅さんの研究発表が名古屋・東別院青少年会館でのアジア・エートス研究会で行なわれた折、私は初めて当研究会に出席させていただきました。当研究会への出席は、これが最初で最後です。戸谷先生は私の前の職場の同僚の親戚筋に当る方です。マレーシアから帰国後、その同僚に連れて行ってもらい、名古屋の八事にお住まいの戸谷先生宅を訪ねたことがあります。そこで先生とマレーシアの思い出を語り、先生が以前現地で収集された資料まで頂戴して現地調査研究のご協力の御礼を申し上げた次第です。

その後一九九九年五月には先生のご高著『アジア諸地域の社会変動―沖縄と東南アジア―』を御茶の水書房から出版された記念会にお招きいただき、戸谷先生の立派な人となりやご業績を改めて再認識致しました。その戸谷先生を始めとするアジア・エートス研究会の方々にとって、当研究会が四十年近い歴史に幕を閉じるのはさぞ悲喜こもごもの感慨があったものと拝察致します。

私のアジア地域との関わりは、前述の通り海外日本人学校研究を出発点にしているので、アジア・エートス研究会が目指されたようなアジア地域のエートス（精神構造）に私自身とても触れる域には達しませんでした。その後、私自身の問題意識やスタンスを海外日本人学校から海外子女教育へとややシフトさせながら、アジア地域から離れて一九九七年ロシア・モスクワ、一九九九年ドイツ・フランクフルトとミュンヘン、そして昨年二〇〇一年は同時多発テロ前のアメリカ・ニューヨークとシカゴの諸都市で現地調査研究を実施してその報告書を現在作成中です。来年は南米・ブラジルでの現地調査も予定しています。アジア地域、とりわけ日本とは「近くて遠い国」と言われた韓国との共同開催ワールドカップ・サッカーも終わり、日本と韓国は「近くて近い国」同士へと変わりつつあります。これからの韓国はおもしろい、一度は行ってみたいアジアの国の一つです。

特に専門というわけでもございませんが、昔とった杵柄から現在、大学で「アジア事情」なる科目も担当しております。かつての現地体験がプラスに作用してアジア的エートスの琴線にいくらかでも触れるような、そんな授業を展開して行ければと念願しております。

（二〇〇二年八月十八日）

マレーシア経験で出会ったアジア・エートス研究会

綱島（三宅）郁子（前マラヤ大学予備教育課程日本語教育講師）

去る六月十三日、戸谷修先生より、アジア・エートス研究会閉会のご連絡をいただき、時の流れと郷愁の入り混じった複雑な思いにとらわれました。

一九九七年十一月以来、結婚を機に名古屋から関西に移り住み、主婦業の傍ら、自宅で細々とマレーシア関係の勉強を続けているだけの私にも、記念冊子用の原稿をとのことで、大変恐縮しております。思えば、貴会との関わりは、国際交流基金の派遣で三年間滞在したマレーシアから帰国して間もない私に、塚本さんが「ブミプトラ政策研究会」に関わっていらっしゃった戸谷先生を紹介してくださったのがきっかけです。一九九三年五月下旬のことでした。

ルック・イースト政策プログラムであるマラヤ大学予備教育課程で、のべ三百人以上のマレー・ムスリムの学生達に日本語を教えているうちに、マレーシアという国についてもう少し広く知りたい、特に多言語状況における言語問題を学びたいという気持ちが湧き起りました。それで任期終了後、「次はヨーロッパ派遣を」という国際交流基金からの申し出を半ば振り切るような形で、マラヤ大学で学ぶことを決心したのです。ただ、学部は国文学科、修士課程は日本言語文化専攻だった者にとって、複雑な多民族国家マレーシアを勉強するのに、どこから手をつけたらよいのか皆目見当のつかない不安な日々でした。そこで、日本でもご指導いただけるような先生を、と厚かましくも申し上げたわけです。

戸谷先生に初めてお目にかかった時、開口一番、「問題意識を持って現地で生活していた人の、肌で感じたものが最も大切だ」と言われたことが、どれほど心強く思われたかしれません。というのも、その頃はまだ日本がバブル経済の絶頂期にあり、社会全体が妙な驕りに満ちていたせいか、母校名古屋大学のかつての院生仲間ですら、国際化時代だの異文化理解だのと表向きは述べていても、帰国した私に向かって「マレーシアでは〝外米〟を食べてたの?」「〝南洋〟なんかでのんびりしていた人に、日本復帰なんか無理だよ」と言うような始末だったからです。一時帰国の折には、マレーシア政府留学生を引き受けていたある国立大学の先生から「あんな変な所に、よく二年も住んでいましたねぇ」などと皮肉を言われたりもしました。マレーシアに関心を持った私は、どことなく変わり者扱いだったのです。ところが二十一世紀に入った現在では、マレーシアの順調な社会発展とマハティール首相の手腕がそれなりに評価されたおかげか、マスメディアや各地の大学でも、マレーシアが話題になる機会が目立ってきました。マレーシア関係の出版物やホームページも急増中です。時代が人を変えるのか、人が時代を変えるのか、何とも不思議な気がします。

貴会では、一九九五年十一月四日、戸谷先生のお勧めで「マレーシアにおける言語問題——多民族国家における言語とその政策」という題目の下、三時間お話させていただきました。その際には、私の勉強仲間数人も応援に駆けつけ、場を盛り上げてくれたのは本当に幸いでした。また、先生方が不充分な発表を議論の形で補ってくださり、追加説明や現状分析もしていただくなど、暖かい配慮がありがたく思われました。

貴会が立ち上がった一九六四年は、私が生まれる前年です。欧米に追いつけ追い越せ時代で、外国といえば、まずアメリカか西ヨーロッパが優勢だったであろう当時、渡航そのものも物理的にご苦労が多かったはずの東南アジアに対し、「夢と希望を抱いて」「アジアがどうしたら貧しさから解放されるのか」をテーマに、夢中になって研究調査に没頭されたとうかがっております。大きな成果の一つとして、「東南アジアを場とした近代化理論の反証」があったとのことですが、貴会編『アジア近代化の研究――精神構造を中心にして』（御茶の水書房刊、一九六九年）で、ハイデッガーをご専門にされていた先生がマレーシアの国語問題について論じていらっしゃるのを知り、私どもの世代と比べて、基礎訓練や視野の広さにおける格段の差を痛感しました。と同時に、日本と東南アジアが社会経済的によく似ていた時期には、比較の視座がかえって設定しやすかったのではないかとの思いも抱きました。

名古屋東別院青少年会館の一室で持たれた月例研究会には、何度か出席させていただきましたが、年配の先生方を中心とする厳粛かつ和やかな雰囲気は、忘れ難い思い出です。感謝の気持ちを持ってご足跡を仰ぎ見つつ、今後の歩みの貴重なよすがとさせていただきたく思います。どうもありがとうございました。

（二〇〇二年六月十七日）

スリランカ滞在の余慶

上田はる（前公立高校非常勤講師）

私とアジア・エートス研究会との出会いは二十二年前（一九八〇年）にさかのぼります。当時夫がスリランカの現地子会社に出向しておりました。私が現地に赴いたのは一九七八年四月でした。ただしその約一年前、スリランカから夫の会社・ノリタケカンパニーの本社に技術研修生が来ていました。この研修生達からスリランカについて予備知識を得ていました。またその頃だったと思いますが、山田英世著『セイロン——こめとほとけとナショナリズム』（桜楓社、一九七四年）を知りました。この本はスリランカの案内書としてはおもしろく、スリランカで暮らしている間の何よりの指針となりました。しかし山田先生がアジア・エートス研究会の創設以来の重要なメンバーのお一人だったということを知ったのはずいぶん後になってからです。

スリランカで暮らすようになって二年四カ月がたち、現地での生活技術も一通り身についていました。前田先生を団長とする先生方が研究のためスリランカにおいでになったのはこんな頃でした。先生方と何回かお会いするうちに戸谷先生からアジア・エートス研究会で研究活動をなさっていることをうかがい、もしできるならその研究会で先生方の発表の拝聴を希望いたしました。

私が帰国した翌年の夏から希望が叶って研究会のご案内をいただくようになりました。そして約二十年、研究会ではさまざまな研究発表をうかがい、私の高校での授業にも活用させていただきました。

私が研究会で発表したのは二回です。最初のテーマ「コロンボ日本人学校」については自身の体験ですからまとめ方の巧拙はともかく実感をこめて発表できました。

しかし二回目の石井米雄・桜井由躬雄著『東南アジア世界の形成』に基づく「新しい東南アジア像」はこの地域の歴史を「そこに住む人々の主体的な営みの軌跡」としてとらえようとするものでした。この本は、ビジュアル版というだけあって写真が沢山使われていて一見取りつき易いのですが、内容はとても難しく思いました。私自身が不消化に終わってしまい心残りです。

今、振り返ってみてもスリランカで暮らした二年半に受けた文化ショックは実に大きかったと思います。「ものの考え方」にも少なからず影響がありました。

そして何よりそれまでと全く違った分野の方々とお知り合いになれたことです。アジア・エートス研究会の先生方から親しくお教えを受けることができるようになったのは、このスリランカ滞在の余慶だと心から思っております。ありがとうございました。

カルチャーショックから現地理解へ

桜井明治（千葉経済大学）

私がこの研究会に最初に出席したのは、一九七一年に一年間のシンガポール南洋大学の留学を終えて帰った直後だった。当時岐阜市立女子短期大学の戸谷修先生が、本山の地下鉄駅から徒歩十五分もある我が家に（当時日本はまだ貧しく雨でもない限りタクシーは使えなかった）、わざわざ大きな果物の缶詰の箱を持参され、ぜひ研究会でシンガポールの体験を話して下さい、と言われた。その熱心さに感動して引き受けた。その後のアジア・エートス研究会の発展はこうした地道な努力が基礎になったと思う。

さて、私のアジア・エートス研究会での最初の発表は、名古屋工業大学の池田教授の研究室で行なわれた。テーマは「シンガポールの現状と社会主義戦線」（毎日新聞社アジア調査会『アジ調月報』一九七一年十一月号）で、当時のシンガポール・マレーシア地域の華人が如何に中国志向が強く、それが複合民族国家の民族融合と社会発展の問題点になっていることを話したのだが、序でに体験談として、シンガポール・マレーシアの華人が功利主義が強く、これが自分にとっていかに強いカルチャーショックになったかも話した。華人社会では、個人の利害に常に気を遣っていないと、とんだ損をする事になりかねない。日常生活でこうした緊張を強いられることは、自分には窮屈に感じられた。

このカルチャーショックを聞いて、その時出席していた名古屋学院大学の後藤宏行氏が、初めて海外に出て、一定の地域に長期滞在された方の報告を何度か聞いたが、多くの人がそうしたショックを体験されているようです。しかし、その後の話を聞くと、その地域での生活体験が増すに従って、ショックは柔らいで行くようです、と話された。

その後自分は今度は中国大陸でも数年生活するようになるのだが、分かったことは、シンガポールなどの南洋の華人に限らず、中国大陸の中国人も同じように功利主義は強い。自分は毎年夏休みに学生を引率して、中国の大学で中国語の研修を行なっているが、中国での日常生活で、他人に対して日本的な遠慮や譲り合いの習慣を保持してはやっていけない。ひどく損する事になる。郵便局で切手を、列車の駅でキップを、空港で空港使用料券を買うときでも、空港でのチェックインでも、ちょっと油断していたら、直ぐに横入りされる。この横入りは、常に注意して防がないととんだ損をすることになる。道路の横断は時間と労力の効率からか、歩行者は信号を無視して好きなところで、横断する。これは学ばなければやっていけないので、学生にも慣れるようにと指示している。日常生活で不断に緊張が要求される。今日多くの日本の若者が中国に留学しているが、こうしてカルチャーショックを受け、やはり日本が良いと「愛国者」になって帰国する人も多い。

しかし、自分の場合、こうしたカルチャーショックも、華人社会の体験・個人との接触が増えるに従って薄らいでいき、やがて彼らの持つ友情や真義の重視、理想や目的に挑戦する積極性、節を曲げぬ忍耐力が理解できるようになっていった。そして、その度合いが増すにつれ、長い歴史に裏打ちされた中国の民族とその文化の奥の深さに感じ入るようになっていった。

中国では、一九五七年の反右派闘争で、多数の優秀な知識人が追放された。現在、急速に経済発展している中国を陣頭指揮している国務院総理の朱鎔基氏も若い頃右派分子として追放された経歴をもつ。自分のある友人は中国現代文学の研究者だが、反右派闘争で二十八年間追放された。最初の一年半の北京郊外での労働思想改造所での過酷な労働に耐え、後に青海省に移され、草原での羊飼い五年、その後は指定された中学での国語の教師になった。氏はこの間許される時間を専門の老舎研究に当て、文革後二十八年間の追放が解かれるとその研究成果が評価され、直ぐに青海師範大学の中国文学科の講師になり、暫くして中国老舎研究会の副会長になった。氏とは十年来の知古で、八年前に私の千葉経済大学に二年間招聘して中国語の教壇に立って貰った。外国人に中国語を教えるのは初めてだったが、教授法は自分について学び、また自分と交流しながら進歩させていった。彼は暫くすると、授業には鞭を持って出るようになり、私語の学生には机をたたいて許さず、とても熱心で、この二年間の学生の中国語の進歩は顕著だった。もう帰国して六年になるが、今は社会人になった当時の学生は、未だに感謝し慕っている。自分も深く感謝している。序でながら、氏との交流を通じて、一九五七年の反右派闘争で氏のような優秀で誠実な人が大量に追放されたことが、後の大躍進、文化大革命と中国の歴史の発展を逆転させる阻害要因となったのだと、つくづく考えさせられた。中国の現状の分析と把握は正確で、未来に対する洞察力は深く、かつて長年苦労した筈なのに暗さが微塵もない。ほとんど毎年接しているが、氏との接触を通じて自分の中国人に対する理解と敬意が増進している。

千葉経済大学は毎年夏休みに三週間中国の大学で学生の中国語現地研修を行なっている。自分は、教育効果を上げる為に出発以前に当地の大学にテキストと詳しい教案を送り、自分は学生より二日前に現地に行って、担当教員と教授法の打ち合わせをする。担当教員は、自分の教育に対する積極さに応えて、とても熱心に教えてくれ、学生の進歩は著しい。各学生は研修の最後の終了式で、現地の多くの教職員、学生の前で、三分から五分の「私の中国体験」のスピーチを中国語でやるが、今年も皆立派にやり、多くの学生が原稿を見ないでやった。聞く方も、皆面白そうに熱心に聞いてくれ、終了時には発表者は勿論、聞いていた自分たちもその成功の喜びに興奮した。担当の二人の教員は殊更嬉しそうだった。学生達は、熱心に辛抱強く教えてくれた担当の教員を大変尊敬し深く感謝し、大学に感謝している。彼らも現地でカルチャーショックに遭い、日常生活では日本では必要としない緊張を強いられている。マイナスのイメージだ。しかし、熱心で誠実な担当教員に会い、自分の中国語が進歩した体験を通じて、中国人に対するプラスのイメージが増している。

今の若い世代は、早くから外国に出て、外国の文化と人に接しられる。三十一年前に後藤宏行氏が言われたカルチャーショックから現地理解への壁はずっと乗り越えやすくなった。ただこの壁を乗り越えるのは、現地の尊敬できる友人をもつことから始まるだろう。そうした人は、こちらが現地社会と人に誠意をもって接し、理解しようと努力する中で自分の前に現れてくれるのだろう。

二〇〇二年八月、ジャカルタにて

橋　重　孝（金城学院大学）

五十七回目の独立記念日をまえにして、ここ南ジャカルタの住宅地でも、通りを幾重にも横断して飾られた無数の小さな紅白旗が、繁茂する熱帯の樹木の濃い緑に彩りを添え、タムリン、スディルマンなど主要な通りの夜間のイルミネーションの燦めきとともに、八月十七日の式典当日にむけて祝祭気分を醸しています。市内中心部ではかつての微笑みの人の大看板に替わって、ゴトンロヨン内閣のスローガンが目につきます。

こんなある日、若いインドネシア人の友人から報道関係者を対象としたドキュメント映画“Gerakan Mahasiswa di Indonesia (12 Mei 1998-17 Desember1998)”の試写会に誘われました。タイトルからお分かりいただけるように、この四十三分間のフィルムは、スハルト政権崩壊のきっかけとなった軍警によるトゥリ・サクティ大学周辺での学生射殺事件からハビビ政権下でのスマンギ事件まで、首都ジャカルタにおける一九九八年の激動の半年間の学生による反政府抗議運動の実写ビデオを編集したものです。

このようなフィルムが公開されること自体が、この間のインドネシア社会の変化を端的に物語っており、試写会のあったクニガンの冷房のよくきいた会場には、当時命がけでビデオカメラやマイクを手に街頭を駆け回った百五十人ほどのインドネシア人カメラマンやリポーターたちが集まりました。学生にむけて水平射撃を加える狙撃手、鎮圧の勝利の雄叫びをあげ踊る重武装の兵士たち、犠牲となった学生の遺体に泣き崩れる家族、あるいは学生に追われてまろび逃げる同世代の兵士の一団など、つぎつぎと衝撃的シーンが映し出される会場にあって、わたし自身は何とも形容のしがたい疲労感と憂鬱な思いにとらわれていました。

それはこのフィルムからマスと総称される多数民衆の苦悩や、学生たちのかれらへの連帯の思いが少しも伝わってこないことについての少なからざる失望感や、国軍兵士が国民に銃をむけることの無念さによるばかりでなく、なによりもスクリーンに映し出された学生たちの姿が無残なほどに素朴に思えたからに他なりません。所属大学の色とりどりの制服を着た学生たち、かれらにより打ち振られるひときわ大きな国旗、ついには「ハロー・ハロー・バンドゥン」の高唱まで、この学生たちの余りにも過激なインドネシア「国家」

への情熱と執着が、はたしてこの国の現在と未来になにをもたらすのだろうかと本心疑わざるをえなかったのです。

スハルト政権の腐敗と崩壊、それにつづくインドネシア社会の混迷の現状は、歴史的にもこの国がきわめて明瞭な人工国家であるだけに、いっそう「国家」という政治システムそのものの限界を際立たせていると思われるのですが、学生たちはなおその虚構の器に執着し、〈改革〉という幻想のなかに微睡んでいるのではないか。その行き着く先はお決まりのセピア色にくすんだテンポ・ドルゥーの思い出か、〈改革派〉という名分の体制翼賛、あるいはせいぜい良心的沈黙に堕するであろうことはインドネシアでも日本でも同じではないのか、このような消しがたい懐疑がわたしを疲れさせ憂鬱にさせたのです。

九八年八月当時も、〈改革〉を情熱的に語るインドネシア大学の学生との懇談の際にこの倦怠感を覚えたことを思い出します。それは確かかれらの家庭の使用人の経済状況を質問したときのことで、「国家」を攻撃する学生たちが自家の使用人の現状にいかに無知で、無責任であるかを揶揄したときのことでした。

満五十七歳、人間に譬えれば初老の歳を迎えたインドネシア共和国の栄光と悲惨の式典をまじかにして、大統領直接選挙制度の実現、大統領と国民協議会・国会の権限調整を主眼とした四十五年憲法の改正審議の一方で、十五万人を越す不法労働者のマレーシアからの強制送還、乾季の水不足のために娘を売るジャワの農民の窮状、伝統的舞踏の紹介と詐って日本に送られた若い娘たちの実態など、当地のマスコミの話題には事欠きません。

これら社会の底辺に位置付けられた厖大な数におよぶ潜在的流民にとって、はたして学生が声高に叫ぶ「国家」はどのような意味をもって聞こえてくるのでしょうか。民衆がいつまでもダラーンに操られる木偶人形であるはずもなく、やがて自らの手足でこんぐらがった操り糸を断ち切って新たな社会を展望するであろうことを待望しつつも、宮廷政治の伝統と安易な方法で快楽を求めることに慣れた多くの人々を眺めるにつけて、改めてこの社会の容易ならざる前途を痛感するものです。

（二〇〇二年八月十五日）

アジアからの留学生

岩水龍峰（岐阜女子大学）

最近の大学を取り巻く環境は、なかなか厳しいものがある。当大学も、学科設置、定員増にあたって、ある割合の留学生を迎え入れることとなり、留学生募集にアジアに出掛けることが多くなった。以前からアジアには、仏教を通して親近感を持って接していたため、土地勘・雰囲気・雑踏にも驚く事はなく、順調に仕事をこなすことができた。アジア・エートス研究会や青年海外派遣で学んだブミプトラ政策やセマウル運動、また各国の教育事情など親しく懇談する事ができ、アジア・エートス研究会に誘って頂いたことに感謝することしきりである。

さて、数年前、国際教育協会主催の留学フェアーにて、東南アジアを訪問。東京大学を始め、北海道から九州までの国公私立六十二大学二機関が参加し、大変な盛況であった。アジアの経済金融危機の最中であり、特にバンコクの建設途上の高層ビルの放置には目を奪われるものがあった。しかしながら、我々をサポートしてくれた日本留学経験者達は、元気そのものであり、日本語を駆使して飛び回り、自信を持って日々の経済・文化活動等に邁進し留学の実を揚げていた。マレーシアのY氏は早稲田大を出て芸術活動に、A氏は広島大を出て政府高官、タイのB嬢はお茶の水大を出て石川島播磨と十分に満足されていた。また、国費留学のお陰だと喜んでおられた。

時代も変わり、最近迎え入れた留学生達は、私費留学が中心であり、楽しくも厳しい中で日々生活をしている。中国・台湾・インド・モンゴル・韓国と多くの国から来た留学生達は、それぞれのお国の事情もあり、食習慣や生活習慣の違いからか、寮に異様な臭いが立ちこめ苦情が出たり、国によるグループ化が進んだり、掃除や食事当番に馴染めなかったりと、なかなか大変である。また、日本の不況の煽りを受け、バスの無料優待券が不交付になったり、一生懸命励んだバイトが企業の倒産から賃金が手に入らなくなったり、貰えると思った奨学金が貰えない等と、相談窓口はいつも大変である。

アジアの国々も本当に近くなり、ボーダレス化が進む現在、留学生もますます多くなるであろうが、あまり喜んでばかりはいられない。しっかりとした経済的背景と学ぶ意欲を持ち合わせないと、日本に留学したが、不幸な結果に終わってしまうことも多い。

迎え入れる我々も、愛情とホスピタリティー的な気持ちを持って接することが肝要であろう。

時代は常に変化し、留学生を取り巻く環境も意識も日々変化している。大学に籍を置き、留学生の世話をしている現在、旅を通してのアジアから一歩進んで現実を見つめ、留学生一人ひとりにアドバイスする今日この頃である。

タイ農村の変化と日本製バイク
——チェンマイ市農村調査のメモより

武笠俊一（三重大学）

一九八八年の秋、当時の勤務校だった名古屋市立保育短期大学が三カ月の海外研修の機会を与えてくれた。同僚の先生方はみなアメリカかヨーロッパを研修先に選んでいたが、私はアジアのどこかの国で日本農村との比較研究をしたいと思った。いろいろ調べ迷った末、タイを研修先に選んだ。日本社会との比較が私の一番大きな関心だったから、文化的にまとまりのある国の方がやりやすいと考えたのである。この点、タイは多民族国家とはいってもタイ族というマジョリティがあって、私の関心にはうってつけであった。結果的に、この選択は正しかったように思う。タイ社会での調査体験が、日本社会をより客観的にみる視野を与えてくれたからである。

しかし、日本国内での調査経験しかない私には、タイで受け入れてくれる研究機関を見つけるのは容易ではなかった。多くないツテを頼っていろいろな方にお願いしたが、結局、チェンマイ大学の「社会科学研究所」で受け入れていただくことになった。ここでの研修と調査が可能になったのは、日本社会学会が一九八三年から三年間文部省科研費（海外調査）を受けて、タイとインドネシアを対象に現地調査を行なった『東南アジア都市化の比較研究』の代表者古屋野正伍先生のご尽力によるものであった。それまで面識のなかった私にたいする先生のこの時のご厚情には、今でも感謝をしている。

チェンマイ大学の社会科学研究所は、その昔イギリス領事の公邸だったというコロニアルスタイルの小さいが洒落た二階建ての建物の中にあった。研究所長のパンスーン教授は、私がタイ研究の素人であることを考慮して、ノイとマリーという二人のタイ人学生を紹介してくれた。ノイはハンサムで気のいい男子学生で地理学が専門だった。マリーは英語学を専攻するチャーミングな女子学生で、農村出身でタイの村のことを熟知していた。結局、この二人を通訳兼調査助手として二カ月契約で雇った。安いとは言えない出費だったが、後にして思えば、この二人がいなければチェンマイでの調査を最後までやり遂げること自体不可能だった。

この時の調査は、チェンマイ近郊の三つの集落を対象とし「農村の都市化」に焦点をあてたものだった。日本で用意してきた調査票をタイ語に翻訳し、社会科学研究所のタイピストにタイピングと印刷をしていただいた。それを持って、学生二人と、ある時はバイクで、ある時はノイの友人から借り上げた小型のフォードで、チェンマイ市の市街から四、五十分ほど離れた農村に通い、調査を実施した。

村に着くと助手二人は調査票を持って家々をまわる。ところが、タイ語の下手な私にはやることがない。それで村の中を歩いてまわり、もっぱら村びとの生活を観察することにした。私のタイ語は挨拶程度だから村びとにインタビューすることは出来ないが、ただ見て回るだけでも色々な問題が出てくる。そうした疑問を整理して、次の日の朝調査に出かける前に、ノイとマリーに村びとに聞いてくれるように頼むことにした。そして一日の調査が終わると、帰りの車の中やチェンマイのコーヒーショップなどで、村びとから聞いた答えを教えてもらった。

こうしたことをしばらく続けていると、私の質問も核心を突くようになり、助手の二人も私の疑問をよく理解して、村びとに熱心に聞いてくれるようになった。調査票を使った調査の方も、報告書をまとめる必要からそれなりに熱心にやった。しかし、日本に帰ってから思い出してみると、ノイとマリーと朝な夕なに問答をした経験の方がはるかに面白く、またタイ社会の特質について深い理解ができたという気がする。海外調査で通訳を使う場合逐語通訳が普通だろうが、有能な調査助手が得られれば私の取ったような方法も成り立つのではと思う。

調査票を使った調査のテーマは、上述したように「農村の都市化」というごくありふれたものだった。だが八〇年代は東南アジア諸国が経済発展のきっかけをつかんだ時代で、タイ農村も急速に変化を始めていた。だから、このテーマは極めてタイミングのよいものとなった。この時代に、タイ農村の変化を目に見える形で示していたのが、農村の女性たちが喜々として乗り回していた日本製バイクである。

私がタイで調査を始める数年前、日本ではホンダとヤマハがオートバイ業界のトップの座をめぐって激烈で愚かな開発・増産競争を繰り広げたことがある。当時、二輪車市場におけるトップメーカー本田技研のシェアは急速に低下していた。それを見て、二位のヤマハ発動機は〈ホンダには、バイク市場の首位を守り抜く強い意志はない〉と判断し、首位奪取の大号令をかけた。しかし、この判断は後に「ブレーキを踏むべきときにアクセルを踏んだ」と自ら認めるヤマハ経営陣の大失策となった。

一九八二年、トップメーカーの座を死守すべく、この挑戦に応じたホンダとヤマハとの間に「HY戦争」と呼ばれた激烈な企業競争が始まった。この首位争奪戦は、四社しかないバイクメーカーのすべてを巻き込み、「自転車を買ったら、バイクがおまけについてきた」という逸話が流布したほどの泥沼の販売合戦を招き、結局国内市場で売りさばくことが不可能な大量の在庫の山を残して終わった。

この企業戦争の余波というべきか、行き場を失った膨大な不良在庫が東南アジア市場へ流れ込んだ。当時は東南アジアでの日本製品の氾濫が強い反発を招いていた時代である。しかし、ことバイクの輸出に限っていえば、そうした反応はほとんど無かった。タイの近郊農村の人々は経済発展の中で新しい交通手段を求めていたから、安価で操作性のよい日本製バイクの流入は、彼らにはむしろ干天の慈雨だったと思われる。

タイではすでに日系企業によるバイクの現地生産は始まっていたが、それは男性の乗り物で、しかも決して安い製品ではなかった。しかし、ホンダヤマハ戦争の余波としてタイになだれ込んだ膨大なバイクは、一般に「ファミリーバイク」「女性用スクーター」などという名称で呼ばれるもので、家庭の主婦のような初心者が簡単に乗りこなせる新しいタイプのバイクだった。

操作性だけでなく価格においても、こうしたバイクは生活水準の高くないブルーカラー階層の人々がなんとか購入できるものだった。中古ならさらに安く手に入った。

こうした安価で操作性のよい日本製バイクによって近郊農村から大都市への通勤兼業が可

能となった。そして、この通勤兼業の担い手は、村内の女性たちだった。チェンマイ市の近郊農村でも、多くの女性が手に入れたばかりの日本製バイクを通勤手段にして、町に働きに出た。八〇年代に入ると、チェンマイ市とその周辺には、縫製業（土産物生産から輸出用衣類まで様々なものを旧式の電動ミシンで生産していた）から電子部品製造業にいたるまで、多種多様な工場が立地し始めた。こうした工場の多くが農村女性の労働力を吸収した。経済的活況のなかで、飲食店やデパートなどのサービス産業も女性に職場を提供した。こうして、おそらく長いタイの歴史のなかでも初めてであろう、農村女性が自分自身の安定した現金収入の道を手に入れたのである。それは安くないバイクを購ってなお彼らの生活水準を押し上げ、その担い手となった農村女性の意識を変えた。

日本では自転車の代用に過ぎなかったファミリーバイクが、タイでは都市と近郊農村を結ぶ新しい交通手段となって人々の生活を激変させた。うがった見方が許されるならば、日本企業の致命的な戦略ミスと愚かな販売競争がアジア社会の構造変動を引き起こしたと言えなくもない。

タイの経済発展が軌道に乗って久しい現在、タイ農村におけるバイク普及のきっかけなど私以外誰一人覚えてはいないであろう。ささやかな調査メモをあえて書きしるした次第である。

研究会の先輩の先生から得たもの

川崎一平（東海大学）

私自身がアジア・エートス研究会へ出席させていただいたのは、確か二、三度のことであった。私は戸谷先生を通してアジア・エートス研究会の活動を知り、その問題意識を学んでいくことになったのだが、改めて考えてみるとそのことは私の研究活動にとって非常に大切な意義をもっていたように思われる。私にとって、アジア・エートス研究会と戸谷先生は、研究の上では一体の存在であるかのように感じられるし、また先生から私が学んだことは非常に多い。そこでここでは、おもに戸谷先生から私が学んだことについて書くことにしたい。

私が先生に初めてお会いしたのは、今から十年近く前のことであった。三重大学を退官され、当時私が奉職していた岡崎市の短大に来られた時である。その時以来、私は非常に多くのことを先生から学ばせていただいた。

一つは、研究に対する姿勢というものであった。

それは徹底的な実証研究である。しかしながらそれらは、「実証主義」と名のつくような凝り固まった手法とは無縁の「開放的実証研究」というものであった。常に研究対象を主体として捉え自らの研究手法、体勢を吟味して拡大していく姿勢である。

二つ目は、「外部社会」との関係を視野にいれて個別社会を総合的に研究するという「地域総合研究」の視点及び手法である。先生ご自身が社会学の専門家として活動されるだけではなく、常にアジア・エートス研究会を基盤にした総合研究を目指していたことは、「知の総合」が問われている現在においてもっとも必要なことであるように思う。

こうした「開放的実証研究」と「地域総合研究」は、戸谷先生の研究では、アジアにおいて「開発の恩恵に浴することのできなかった多くの人々」に向けられた視点、あるいは沖縄において「南中国や東南アジア島嶼部との関係」、つまり外部社会を視野にいれた個別研究に反映されているように思う。

ところで、現在私は、パプアニューギニアの近代化をめぐる様々な問題をテーマに研究を続けているが、そこでもやはり「経済開発」、「西洋的近代制度・思想の受容のありよう」をめぐる議論が中心的テーマとなっている。しかし、開発ということから見れば、「発展途上社会の開発は失敗」におわってしまったといわざるを得ない現状がある。貨幣経済の導入と市場経済の介入、こうした経済的グローバリゼーションのなかでパプアニューギニアの自立は困難を極め、その将来は絶望的とも言える。

またこれらの議論の背景には、アジア・エートス研究会が抱いていた問題意識、「日本の近代化の特質の究明」や「西洋の近代思想や近代諸制度の受容によって日本人の伝統的エートスがどのように変貌していったのか」ということを抜きにしては語れないが、翻ってわれわれ日本の現状を見ても将来は暗いというべきであろう。

アジア近代化の研究を一九六〇年代にスタートさせたアジア・エートス研究会は、その問題意識において「開発」、「外部社会」、「日本人の近代化」を主題におき先駆的な業績を積み重ねてきたが、二十一世紀ではこれらの主題はますます現実味を帯びてきている。しかしながら、これからの未来に目を転じるとき、われわれ（アジア、あるいは日本）の将来は決して明るくない。こうした時代であるからこそ、アジア・エートス研究会が抱いていた問題意識は今後ますます大きな意味合いをもってくると言えよう。

「研究会は組織というよりも運動体」であると、ある先輩研究者に言われたことがある。アジア・エートス研究会は閉会するのではなく、発展解消するのだと私は考えている。戸谷先生を通してこの研究会で得たものを基盤として、これからも、開かれた場で開かれた議論に臨んでいきたい。

最後にこの研究会で出会った多くの大先輩研究者の皆様にお礼を申し上げます。ありがとうございました。そしてまた、これからもご指導のほどよろしくお願いいたします。

名古屋での貴重な体験

栄　和枝

アジア・エートス研究会を閉会するというお知らせをいただきました。いつもながら、ごぶさたいたし申し訳なく存じております。思えば七年余りの名古屋滞在でしたが、研究会にお導きくださいました戸谷先生には改めて感謝とお礼を申しあげます。

久しぶりに皆様のお姿を思い出し、懐かしい思いに包まれております。夫の転勤と共に名古屋に移り住んだのは約二十年前。聴講生として名大に通学の折、社会学科の助手をしておられた田口さんから戸谷先生を紹介していただき、そのご縁で研究会に寄せていただきました。そこでは、研究発表者の年齢の幅の広さ、テーマの広範な事等々、浅学の私には驚きと感動が続きました。毎回受付で資料配付を受けるのですが、錚々たる研究者に交じって、一介のしかも肩書きのない私が、主婦と記入する時の申し訳ないような気持。それでいて、その場を共有出来る幸運を有り難く思うばかりでした。

研究会の長い歴史の中で、私がご一緒したのは僅かな期間でしたが、私にとっては貴重な体験となりました。名古屋滞在の後半は、娘が闘病生活を余儀なくされ、厳しい毎日が続きましたが、歳月を重ねて健康を取り戻し、無事成人いたしました。出口の見えない闇の如くの中で、光明とも言える大学や研究会周辺での日々が鮮やかに蘇って参ります。しばらく大変な作業をこなされると存じます。どうぞ御自愛の程、お願いいたします。また、機会を得て是非名古屋を訪れたいと思っております。大変お世話になり、有り難う御座いました。

ネパールの日々から

高岡秀暢（仏教資料文庫）

ネパールのカトマンズ盆地へ初めて足を踏み入れたのは一九七〇年の夏のことです。カルカッタからプロペラ双発機でトゥリブバン空港に降り立った時、空港の施設はいかにも貧弱で滑走路には牛が闊歩していました。空港から町まで行くのにやっとタクシーがあるという程度で、道に行き交う車はほんの僅かでした。カトマンズは田園風景の中に町がたたずんでいるというのんびりしたものでした。

私の当初の目的には文化保存の活動とか文化を研究するなどというものは毛頭ありませんでした。むしろ当時日本が向かっていた未来に希望を感じることができず、ある意味で打ちひしがれてそこへ逃げていったというようなことでした。

しかし、カトマンズに立つやネパールの人々の中に懐かしい生活や信仰を見つけて、すっかり魅了されていきました。いつの間にか絶望感などとんと忘れて、ネパールの人々の生活を食い入るように眺めていました。それからの十年は忘我の幸せな生活であったように思えます。カトマンズ市内にシャンティクティという名の小さな家を借り、旅の人であれ現地の人であれ訪れる人たちとの語らいや共同生活はあまりにも世間離れをしていました。

しかし、経済や物質のグローバリズムは次第にネパールに及び盆地の風景をむしばんでいました。ネパールの幸せな生活の中でそれを目の当たりにして再び愕然とする思いに耽るようになります。いつかネパールの文化やネパール写本の保存という活動に手を染めていました。ネパール写本とは、十三世紀頃仏教がインドにおいて潰えた後、運良くネパールにだけ大乗経典が残されて伝承されたものを言います。その写本群もその時代その時代の王権力や文明といったものと相克し、消失の危機と伝承する力の競り合いの中で生き残ってきたことが知られます。

現代を言い替えればグローバリズムの時代と言えましょう。それは社会、文化、生活を総じてかえてしまう地球的うねりです。次第にネパール写本はネパールの文化の片隅に追いやられてしまっていました。

今は昔、地球の地域地域で個々に生きてきた文化や生活は、決して孤立していたのではなく近隣の文化と交流し、遠くの文明の音を聞いてゆっくり自己改革をしてきたものです。

一方グローバリズムは一挙に地球上すべての文化や生活を一つの尺度の中に飲み込んでゆく、そういう現象のように思います。

さてそのグローバリズムの中でも、個々の文化や生活には、生命体が自己保身するように、自身を伝承していく力が内在しているように思われます。文化と民族は相互にアイデンティファイされます。それは間違いではないのですが、同時に文化はその民族を越えてでも伝承されるような不思議な魅性があると言いたいのです。ネパール仏教は長くカトマンズ盆地でネワー民族の間で育まれ生きてきました。しかし今そして未来はどう生きていくのでしょう。その歴史の一端にふと足を踏み入れた私とネパール仏教を結ぶものは何でしょう。文化の生命的な力をいつも感じつつ考えさせられます。

マイナーな伝統文化に関して、世界遺産という概念を立て、あるいは日本をして言えば経済大国、文化保存の技術の先進国の責任で、その文化を護りましょうというような国際的な意向があります。一方私自身については、ネパール仏教の命に触れ、そしてその命に突き動かされて働かされている、そのように感じます。三十年前にほのぼのと感じたあの盆地にノスタルジアを感じながらも、そこに帰ろうというのではなく、むしろそのノスタルジアの中に迸るネパールの文化の命が近未来に再生されるようにと強い願望に駆られます。

仏教はアジアの諸地域で様々な理と姿をとりながら展開しています。日本仏教やネパール仏教ばかりではなく、諸仏教は実に美しい、そして愛おしい精神的文化的世界を作り上げています。私はそこに執着してやみません。

インドネシア華人社会の調査より

荒井茂夫（三重大学）

一九八三年に三重大学に赴任して数年後、戸谷先生のご紹介で研究会に参加できるようになり、毎回大いに啓発され、刺激的であったのですが、小生さぼりがちであったことは、研究会が終わることを知った今となっては、取り返しのつかない損失となってしまいました。院生時代にアジア・エートス研究会の皆様のお仕事を利用していたので、研究会では先生方のお声を聞きながら、頭の中で論文とお顔を付き合わせたりして楽しんでいたことを思い出しますし、戸谷先生の沖縄研究のお話は三重大学にお勤めの頃には存じあげず、エートス研究会で拝聴したときには刮目し、さぼり屋の小生にとっては、ねばり強いフィールド・ワークの意味を教えられました。今では文学とフィールドという一見相性の悪い方法に、我ながらねばり強く挑戦しているなと、思っています。今でも鮮明に覚えているシーンが一つあります。立川武蔵先生のお話の時でしたが、堂に籠もった行者が一心不乱に守護神を念じているとそれが動き出し、行者もともに動き、さらにその守護神を使うこともできる、といったような不可知の世界の現象をいともあっさりと現実だと話され、前田先生がそれに応えてこんな例もあるよとばかり、ご自身の体験も含まれていたと思いますが、そこにいないはずの人間がいる、現れるという例をいくつか話されたのです。もちろん事実として。俗っぽい不可知の世界や鬼神についてのお二人の対話は、実に興味深く、お二人合作されれば新興宗教を作ることも壊すこともできそうな雰囲気を感じたことが思い出されます。

さぼり屋の小生も、アジア・エートス研究会がなくなってしまうとなると急に今やっているフィールドの話をしたくなります。今年の夏インドネシア華人の調査に参りましたが、特に印象の強い変化を手短かに紹介します。その第一は、大仏堂でした。ジャカルタ市内北東部に地下二階地上五階のビルディングが建ち正面に大仏像がどんと見下ろす形で立っているのです。九〇年に完成したということでしたが、さらに来年には郊外に壮大な寺院を建立する計画で、青写真を見せて頂きました。日曜日の読経会には千人近い人が集まり、各階では坐禅、教理学習、華語学習などのクラスがいくつも開設され、地下の講堂では華人伝統の獅子舞や龍舞などの練習が行なわれていました。禁止されていた廟の修理なども解禁され、スマランの三宝公廟では拡張工事が行なわれていましたし、華字紙も復活し、華語学習の看板も目につき、華人文化の復権が顕著でした。第二は、お話をうかがった華人のほとんどが、開放政策を歓迎しながら、何時また締め付けが起きるか不安を持っていることです。華人の存在が正当に位置づけられるようになるにはまだまだ時間がかかるわけですが、経済発展と貧困の撲滅がなければ、華人の不安はなくなりません。また九八年五月の暴動に対する怒りと憎しみも深い傷となっています。第三は華人政党がポンティアナッを拠点に活躍していることです。国会議員一名、州議会議員二名、市議会議員一名を出しています。全国的に見れば力は微々たるものですが、インドネシア華人にとっての歴史的意義は大きいものがあります。

さて、最後になってしまいましたが、アジア・エートス研究会設立と運営にご努力された先生方に、後進として衷心よりお礼申し上げます。

断章

綱沢満昭（近畿大学）

ナショナリズムとデモクラシーの対立、離反、融合をめぐる問題は、かねてより日本政治学をはじめ社会科学全般の問題であるばかりか、私たち一人ひとりの生き方に強く関連する、いわば国民的日常的テーマとして存在してきた。

ナショナリズムを悪の象徴として糾弾することが、知識人の存在理由を形成するような傾向は、いまも消えてはいない。デモクラシー発展のためには、ナショナリズム根絶が不可欠的課題であるかのような風景さえあるのだ。

日本列島における悠久の歴史のなかでの民衆の呻吟する声も、現実世界とのかかわりも把握しないで、平和やデモクラシーを高唱することが、いかに空虚なものであるかにも気付かず、人類の進歩（？）を絶叫する知識人、文化人は後を絶たない。

死力を尽くして懸命に闘ったこともないような人間が、反戦、平和などを語る資格はないことを知らねばならない。あの時は騙されていた、知らなかった、関心がなかったし、仕方なく消極的に参戦し、けっして積極的に闘ったのではないなどと、ほざくことが、なんの罪もないことなのか。

懸命に戦闘行為に従事した人間にのみ内在的批判は可能となる。

日本は嫌いだ、日本人であることが恥ずかしい、恥だ、などといいながら、民族を排し、ナショナリズムをはなから排することによって、いかなるデモクラシーが登場するというのか。個の実体よりも、抽象的普遍を尊重することによって、堕落し、腐敗した現実を超えることがないではない。しかし、個というものは無媒介に普遍とつながるものではない。しかも、その個は無限にその媒体によって影響を受ける。その具体的媒体を無視して抽象的普遍が存在するはずはない。

戦後を迎えて、デモクラシーの時代が到来したから、あの忌まわしい過去とは決別し、反戦、平和を唱えて、青春を謳歌すればよいというところから、限りなく遠い地点に立って苦悶した一人に吉田満（沖縄特攻作戦に参加し、戦艦大和に乗りくみ、九死に一生を得、『戦艦大和ノ最期』を書いた）がいる。

文字通り死闘を演じた人間が、一夜明けた瞬間に、反戦、反国家の唄など唱えるはずがない。吉田ら散華世代にとって、終戦は過去との断絶を意味するものではない。戦闘を日常として生きた人間にとっての戦後の「生」は、欣喜雀躍的感情とは大きくずれていた。
次の吉田の声を自称知識人たちは、どう聞くか。
「戦後派にとっては、戦争対平和は、ただ戦争は憎悪すべきもの、平和は歓迎すべきものとの当然かつ単純な対比関係として片づけられ、その仮りの保証の上に、彼ら自身の生涯の逸楽が追い求められているのであろう。戦中派にとっては、戦争対平和は、まず何よりも痛みを持った自分の生の意味を賭けた問題である。平和の問題が、例へば気持のいい激論や景気のいい宣伝とは全く無縁の、泥まみれな血みどろの世界であることを身をもって知らされているのである。」(『平和への巡礼』)
「アジア・エートス研究会」が閉じられるという。身心共にボロボロになって真実を求め、ヨーロッパ的近代知に深い疑念を持ちつつ闘った人たちの意思は、いかなるかたちで新しい世代に継承されてゆくのであろうか。絶望だけがあるようにも思われる。こういう研究会が消え去っていくことのなかに、私はエセ知識人たちの死魂の風景を見る。長い間研究会を支えてこられた方々、御苦労さまでした。明るく絶望してまいりましょう。絶望から何かが生まれるかもしれません。

生き方を決定づけた出会い

川角信夫（株式会社あるむ）

私は文字どおり僥倖によってアジア・エートス研究会の多くの方々とおつきあいさせていただいた、研究会のたんなる伴走者にすぎません。しかしながらそれは、私自身の生きる方向を決定づけた出会いをいくたびも用意してもらった、かぎりなく貴重な出来事でした。

一九六五年、アジア・エートス研究会が初の海外調査を実施された年は、アメリカがベトナム戦争で北爆を開始した年として私たちの記憶にいまも鮮烈です。

そのころ機械工学を学ぶ学生であった私は、村上公敏先生を顧問として社会科学研究部なるサークルを立ち上げたばかりでした。エートス研究会のマレーシア調査の折にサイゴンに立ち寄られた村上先生から、はじめて生の南ベトナムの情報をお聞きし、われわれは翌年の東南アジア行きに向け行動を開始しました。表向き海外技術協力実態調査と呼ばれていたその企画は、実際には、東南アジアの政治と文化を肌身に感じてこようという、まだ十八、九の学生の冒険旅行という態のものでしたが、それでも村上先生は私たちに同行してくださり、前年の調査行で築かれた人脈をフルに活用していただきました。

村上先生にとっては、はじめてのお子さんの誕生直後のことで、今から考えればとんでもない巻添えだったことでしょう。これが私とアジア・エートス研究会との意識せざる初めての出会いでした。

一九六六年夏に体験した、フランス郵船ラオス丸での十日あまりの船旅と東南アジア諸国の農村の光景、そして同世代の現地学生たちとの議論は、技術者をめざしていた私の近代化指向をみごとに打ち砕き、日本そのものに対する無知をも厳しく思い知らせてくれました。

それから数年ののち、技術者から転身した出版編集の世界で戸谷修先生と出会い、何度か研究会にも参加させていただき、自分の小さな事務所を構えて三年目の一九七六年には、*Traditional Ethos and Asian Modernization : Indonesia and the Philippines* という、研究会第二回海外調査報告書の英文版の制作を担当させていただくことができました。

以来、前田惠學先生のご指導やご支援を受けながら、私どもの事務所はパーリ語、サンスクリット語などアジア系の言語を含む多言語研究書の制作を看板に掲げるようになったのでした。

思えば、エートスという言葉はこの会の名称を通してはじめて知ったものです。いまやグローバリゼーションの波がアジア各国の岸辺を浸食し、アメリカ型市場原理は世界のあらゆる人々を欲望肥大症に感染させています。アジア・エートス研究会が青年の足どりで歩んでいたころ、研究者の方々の胸に去来していたであろう「知識人」という歴史への責任感覚を含み持っていた言葉も、最近では死語になりつつあります。

アジア・エートス研究会の閉会は、現代における日本人の精神世界の空洞化を何がしか表徴しているのではないか、という危惧が私だけのものであることを、「人間」の崩壊を感じさせるさまざまな事件を目にするにつけ、願わずにはいられません。それとともに、研究会の精神を受け継いで、「現代」という時代を根源的に問題化しうる思考を、鍛えていかねばならないと強く感じております。

私とアジア・エートス研究会

村上公敏

一九六三年にアジア・エートス研究会がスタートしたときは、倫理学・教育学を専攻する研究者二十名ほどの研究会だった。どちらかといえば、ヨーロッパに対比される意味でのアジアという考えが濃厚であり、独立後間もない国民国家建設の課題が中心的なテーマとなっていた。また地域としては日本、韓国、中国、それに東南アジア諸地域への関心が高かったように思う。一九六三年、本格的に東南アジア地域へ調査を行なうために、アジア財団に調査研究費を申請することになり、倫理学や教育学だけの研究者ではなく、社会学・政治学・経済学など社会科学の分野の研究者も必要だということで、私も加わるようになったと記憶している。当時、私はアジアのナショナリズムの研究を深めていたからである。一九六五年のはじめ頃、研究会のメンバーも四十人近くに増えていた。

現地調査は、セイロン（現、スリランカ）、マレーシアに、いくつかの理由を考慮して、調査対象地域として選んだ。水田洋さんのすすめもあって、アジア・エートス研究会の赤沢正敏さんや池田長三郎会長と数回お会いし話をきいて、一九六四年六月、マレーシア調査隊に加わることになった。このマレーシア調査に加わったことが、私にとって、その後の研究に大きな転機になったと思う。

マレーシア調査を終えたあと、調査報告書の編集、さらにつぎに行なうことを予定していたフィリピン、インドネシアへの予備調査に戸谷さんとともにいき、フィリピン大学のクユガン教授、ガジャマダ大学のイドリス教授などに調査のさいの協力の了承を得て、次年度、フィリピン、インドネシアの現地調査を行なった。

その後、私はアジア・エートス研究会の例会には二〜三回、研究報告をしたことがあったが、あまり、出席しなかった。勤務が大阪のため、出席できなくなったことを今では申し訳なく思っている。しかし、アジア・エートス研究会に加わったことで、学問上、大きな刺戟と影響をうけていて、現在でもエートスを終生の研究テーマとしている。

アジア・エートスについて考えていること

アジアとエートスとを分けて考えるには、それなりの理由があり、以下、その点について私の見解を述べておこう。

まず、アジアについてであるが、従来、ヨーロッパと対比されたアジアを遅れた異質のものとして、しかも、そこには一つの共通の何か（エートスでよい）があるとして、その遅れを克服する方法として近代化が考えられてきたように思う。

かつて岡倉天心が「アジアは一つ」と言ったさい、その共通項とは、美術家らしく美意識というエートスを考えていた。しかし、アジアは、外部のヨーロッパや内部のアジア諸地域からみても、「アジアは一つ」であると考えた時代は完全に終わった。私自身は、ずっと以前から「アジアは一つ」であるという考えをもってはいない。たとえば、日本、韓国、中国を北東アジア、その南の地域を東南アジア、インド、パキスタン、スリランカ、アフガニスタンなどを南アジア、中東方面を西アジア、その東のシルクロード沿いやロシア南部の諸部族が居住する地域を中央アジアという具合に、それぞれの地域は、それぞれ異なった個性を浮き彫りにしているし、ましてや、独立後の国民国家の時代になると、より一層、その様相を鮮明にしてきているからである。

たしかに、地理的概念や黄色人種が多いという人種的発想では、アジアは残っているかもしれない。アジア・オリンピック大会などは、そのように理解されているのであろう。

しかし、政治・経済分野からみると、決してアジアを一つに論じることは出来ない。ましてや、エートスについてということになると、一つに論じることは誤りである。アジア諸地域のエートスとは、まとめて論じることはできず、それぞれの地域のエートスが確認されるだけである。私たちの研究会で調査した限られた数カ国の事例だけでも、このことは明白で、それぞれの地域には、その違いが鋭く存在する。

いくつか行なった私たちの現地調査では、それぞれの国民国家のマジョリティを調査しただけで、それらの地域には数多くのマイノリティの集団がいて、彼らはマジョリティの地域社会とは著しく異なっている。われわれは、若干のマイノリティの地域社会にも足を踏み入れて調査したが、彼らの社会集団はマジョリティの地域社会と大きく異なっていることを確認した。たとえば、フィリピンでいえば、私たちはマイノリティの社会集団として華人社会、ミンダナオのムスリム社会、バゴボ族の観察をしただけにすぎないが、彼らの生活を明らかにするにつれ、マジョリティの集団をもって当該国民国家を描きあげることはきわめて危険であると考えた。

さらに、地理的、人種的、種族的にみて、マイノリティの存在は北東アジアから中央アジアにいたるまで、そしてすでに国家をもったロシア南部にいたるまで、とりわけ、中国南西部、ベトナム、タイ、ミャンマーなどでは辺境周辺諸地域の動向は国民国家の統合をきわめて難しいものとし、多くの問題をはらんでいるだけに、私たちはそれぞれの国におけるマイノリティの社会集団にも強く関心をいだかざるをえない。マイノリティ問題はたんに政治的、経済的、社会的、言語的、文化的、種族的レベルにとどまらず、固有のエートスの問題でもあるだけに、このテーマのもつ意味は大きい。

以上のように考えてくると、アジアとエートスをセットにしてそれを「アジアは一つ」ということば通り、十把ひとからげにして考えてきた過去のアジア観、エートス観は、誤りであり、その考え方は転換されなければなるまい。

さて、エートスとは？

この問題は、研究会発足以来、ずいぶん議論を重ねてきた。文部省科学研究費（一九六三〜六四年度）の申請書でも、またアジア財団への申請書でも、エートスの定義がなされている。そのすべては妥当であり、人間の意識や行動が、社会ととり結ぶさいに生ずる社会的有効性の探求であり、それを民族的規模で考えて、民族的エートスと称したのである。この間、近代化論やヨーロッパ的発想のマックス・ヴェーバーなどのエートス論を大いに援用したが、結局、担い手や階層構造も異なるアジアを考えるには独自の理論的枠組みが必要となろう。そもそも、私たちはアジアを独自なものとして考えるべくスタートし、さまざまな分析方法を試みてきた。たとえば、エートスを mental structure（精神構造）に絞って考察したり、ヨーロッパ近代精神のアジアでの変容に焦点を絞ることもあった。しかし、私は、フィリピンの調査で現地の行政官が、「エートスとは何ですか」と聞いたとき、池田長三郎先生が the way of life（生活の方法、生活の様式）と即座に答え、そばにいたアメリカの大学院生も首肯いていたことが脳裏にやきついている。私も、池田先生は、うまい言い方をしたものだと感心した。

ただ、民族的エートスというとき、二、三の条件をつけておきたい。この点は、池田先生も注目されていたことであるが、第一には、エコロジカル、あるいはエンヴァイオロンメントの条件での規定性である。第二には、そこからくる the way of life のありよう、つまり、種族ごとの慣習、言語、信仰（広い意味での）の問題である。第三には、そういう深奥から発するものが伝統的エートスとなって自分を包み込んでいる国民統合の国家と相対峙する問題である。前述の通り、エートスは必然的に社会的ひろがりをもたざるをえない。マジョリティの深奥（これらについては村落調査を実施した）とマイノリティの深奥からくるそれらが、国民国家が行なう統合や開発と向きあうとき、どうなるか。伝統を捨てることなく、近代化が推進されるなかで、伸びていくかどうかという問題である。私はその中で近代化も伝統も発展・展開して貫徹していくと考えている。

最後に一言、「アジア系」の人とか言われながら何十万、何百万人が全世界の各地に移住していて、難民問題を含みながら、必死にそこの住民と共存、共生をはかりながら一つの社会で定住してきている。

その際、多文化、多言語社会とかで、「異文化コミュニケーション論」として欧米語文化圏を想定する議論が多い。しかし、私は地場のもつ力は根強く、持続力があり、貫徹力と適応力があると思う。つまり、もはや単なるアジアのエートスというだけでなく、全人類史や文化へのパースペクティブに連らなる問題でもある。

このことは、人類史、世界史の中で現在アジアで進行しているグローバル化（軍事的、金融的、政治的、文化的）に対してもいえよう。近代とか、現代とか、開発やグローバル化の中でもエートスの基軸である人間の心の基本構造（the mind structure）は大きく変えられることなく、それに対応して、一部対立・融合しながらさらに伸びていくものだと私は考えている。

アジア・エートス研究会定例研究会記録／編著の刊行物

アジア・エートス研究会定例研究会記録

アジア・エートス研究会の定例研究会の紹介は、毎月発行されている『アジア時報』の「アジ調だより」に掲載されていました。しかし、一九九〇年（平成三）以降、その紹介の記事が消えています。また、研究会自体も活動記録を書きとめていませんので、一九七〇年以前の部分ならびに一九九六年以降の部分は不明な点が多いため割愛させていただきました。

定例研究会の研究報告はほとんど、毎日新聞社のなかに設けられていましたアジア調査会（初代会長　吉田茂、第二代会長　東畑精一、……）の発行する月刊誌『アジア時報』（一九七三年以前は『アジ調月報』）に一九八〇年代のなかごろまでは掲載していただいていました。それは、アジア調査会の専務理事、青木繁さんのご好意によるものでした。青木さんは、私たちの研究会の活動に強い関心をもっておられ、陰になり日向になって、支援していただいた方の一人です。青木さんが一九八六年専務理事を退かれた頃から、私たちの研究会とアジア調査会との関係も薄くなっていったといえましょう。現在は『アジア時報』の内容も著しく変化し、きわめて専門的な政治や経済の論文のみを掲載する雑誌になっています。

また、定例研究会では、会場費が安価で、皆さんの集まりやすい会場を確保するために、一九八〇年代のなかば頃まではとても苦労しました。一九八〇年代なかば以降は神谷信明さんのお世話で、東本願寺名古屋別院内にある青少年会館で行なってきました。それ以前は、名工大一般教育棟会議室、愛知県文化会館愛知図書館、私学会館（現ガーデンパレス）、王山会館（現ルブラ王山）、逓信会館などで、使用させていただけるところを探しながら行なってきました。

定例研究会の演題・報告者氏名

一九七一（S46）

			『アジア時報』掲載年月
8月12日	池田長三郎	エートスの見地よりみたインドネシアとフィリピン	一九七一年11月号
9月3日	桜井明治	シンガポールの現状と社会主義戦線の責任	11月号

一九七二（S47）

1月25日　戸谷　修　インドネシアの村落共同体とその変容　七二年3月号
2月20日　永井義雄　フィリピンと日本――明治元年から三十年間　4月号
4月23日　石川賢作　現代中国における国内情勢　6月号
5月28日　山田英世　スリランカの民族解放戦線　8月号
6月19日　米沢秀夫　中国社会の人民公社と農民意識　9月号
7月16日　前田惠學　アジアにおける仏教的エートスの問題　10月号
9月24日　後藤宏行　近代化におけるアジア的特質（上）　11月号
〃　（下）　12月号
11月19日　桜井明治　九月総選挙とシンガポール情勢　七三年2月号

一九七三（S48）

2月18日　丹羽友三郎　中国とジャワとの交渉史――元代を中心に　七三年4月号
3月6日　布川清司　和辻哲郎著『風土』におけるアジア・エートス論　3月号

4月22日　村上公敏　第三世界の理念像――フランツ・ファノンの場合　6月号
5月26日　寺田文市　東南アジアにおけるイスラム教の特質　7月号
7月7日　飯田経夫　インドネシアにおける私の体験――低開発国のカルチュア　9月号
8月8日　武田道夫　日本における海外協力の現状とその課題
11月17日　戸谷　修　新しい世代の知識人とその意識――インドネシア　七四年1月号
　　　　　村上公敏　フィリピンにおけるフィリピン研究の動向　2月号
12月22日　前田惠學　民族的エートスと仏教――日本と韓国　3月号

一九七四（S49）

1月26日　永井義雄　フィリピン独立運動の思想　七四年4月号
2月23日　宮沢　健　イギリスの東南アジア政策　5月号
4月20日　石川賢作　マレーシア・シンガポール華僑社会の言語とナショナリズム　6月号
5月25日　布川清司　インドネシア農村の基層文化――農村儀礼の意識から　8月号
6月8日　中藤康俊　日本資本主義の東南アジア進出の諸特徴
7月6日　桜井明治　フィリピンにおける回教問題

9月28日　池田長三郎　フィリピン村落社会の生活と意識　七四年11月号
10月26日　村上公敏　フィリピンの農民意識におけるキリスト教と民間信仰　12月号
11月16日　山田英世　ミンダナオ島アポ山麓民のエートス　七五年1月号
12月7日　岩水竜峰　ネパール社会と宗教　2月号

一九七五（S50）

2月23日　丹羽友三郎　国際アジア歴史学者会議に出席して　七五年4月号
3月15日　渡辺行郎　発展途上国におけるマンパワーの過剰と不足　5月号
4月19日　前田惠學　インドネシア調査を終えて
——ジャワにおけるエートスを中心に　8月号
5月17日　戸谷　修　中部ジャワの村落と生活　9月号
6月14日　布川清司　中部ジャワ・バリ地域の生活慣習　10月号
7月12日　高村正一　ヒンドゥ文化圏の風習と衛生の関係　11月号
8月30日　イドリス・A・スクマ　インドネシア知識人からみた
日本とインドネシアの関係　12月号

10月18日　石川賢作　第四期全国人民代表者大会以後の中国の内外政策　12月号
11月15日　山本郁郎　マックス・ヴェーバーの宗教社会学
12月13日　岩城　剛　アフリカ経済と中小企業　七六年3月号

一九七六（S51）

1月17日　池田長三郎　中部ルソンにおけるエートスの特質とその変容　七六年4月号
2月21日　戸谷　修　ジャワ人社会における家族の構造的特質　5月号
6月12日　石川賢作　七〇年代における中国の東南アジア観　8月号
7月31日　鼓　肇雄　ヴェーバー宗教社会学とアジア
9月25日　佐藤信雄　近代化と教育――M・D・シップマンの考察から　七七年4月号
10月30日　岡田英雄　図書ならびに図書館事情からみたアジア諸地域　七六年12月号
11月20日　永井義雄　古典経済学・功利主義と植民地　七七年1月号
12月18日　石川賢作　中国の〝十月政変〟と今後の動向――毛沢東亡きあと　2月号

一九七七（S52）

2月26日　小木裕文　シンガポール・マレーシアにおける現代華語文学の現状　七七年5月号

4月2日　戸谷　修　バリ島村落における階層構造と農業生産　7月号

バリ島村落の社会組織——スバクとデサ・アダット　8月号

5月14日　前田恵學　バリ村落のヒンドゥ教調査について　12月号

7月2日　高岡秀暢　ネパールの仏教について　12月号

9月17日　石川賢作　華国鋒体制と軍の現代化の問題　11月号

10月22日　三浦愛明　ラダーク仏教の現状について　七八年2月号

12月3日　ゼェラルド・トス　イギリスのアジア研究

——外国人のみたわが国特有のもの　3月号

一九七八（S53）

1月28日　重松伸司　インド再訪——この十年の変化過程　七八年4月号

2月25日　高木靖文　カシミールにおける文化の一考察
4月10日　石川賢作　中国の第五期全国人民代表大会が目指すもの　6月号
5月15日　長谷川喜美香　西チベットにおける住民の気質　9月号
7月1日　赤池憲昭　近代化と宗教――東西の比較を念頭において　七九年3月号
8月25日　古瀬恒介　ガンジーの思想――平和主義との関係において
9月30日　津田元一郎　乾燥アジアにおける個人と社会
10月28日　吉原和男　華人社会の民衆宗教
11月23日　戸谷　修　マレーシアにおける近代化政策の進展とその問題点　4月号
12月9日　永井義雄　スリランカにおけるマルクス主義の受容――一九三〇年代

一九七九（S54）

1月27日　神谷信明　スリランカ村落の宗教事情　七九年7月号
山本郁郎　H・U・ウェーラ著『近代化理論と歴史学』書評
後藤宏行　武田清子著『比較近代化論』をめぐって
槻木瑞生　アジア経済研究所『現代アジアの教育課題』書評

5月21日　赤池憲昭　スリランカのキリスト教　七九年9月号
5月21日　山本郁郎　近代化における文化摩擦と宗教意識――インドネシアを中心に
6月30日　大木　昌　バドリ戦争にみられる文化的葛藤
7月28日　戸谷　修　転換期の中国を訪れて　10月号
　重松伸司　戦後沖縄における中国人ならびにフィリピン人の存在形態
8月25日　前田惠學　仏教における文化摩擦の問題
　高橋　壯　スリランカ・コミュナリズムのヒンドゥ教的背景
10月6日　佐藤信雄　発展途上国の教育にあらわれる文化摩擦
11月17日　J・スインゲドー　フィリピンの運命を左右する二つの権威
　赤池憲昭　フィリピンにおける宗教と文化摩擦

一九八〇（S55）

2月23日　槻木瑞生　フィリピンの教育
4月26日　山本郁郎　最近のジャワ農村の社会的変動をめぐって
5月24日　黒柳晴夫　ジャワ農村の家族と子どもの社会化

6月21日　石川賢作　中国の「現代化」と反封建論争　八〇年10月号
7月12日　太田正弘　台湾における明末清初創造の寺廟について
10月11日　吉原和男　東マレーシアおよびタイ北方民族の習俗
11月15日　山本郁郎　発展途上国における社会変動と教育に関する一考察
12月14日　金　渙　韓国の風習――生誕から死までの通過儀礼

一九八一（S56）

1月24日　サイエド・M・ムルトザ　バングラデシュにおけるイスラム教
2月21日　堀田　泉　マックス・ヴェーバーの東洋社会論について　八一年9月号
3月21日　池田年穂　スリランカおよびマレーシアのコーヒープランテーションの労働力事情
4月18日　サイエド・M・ムルトザ　バングラデシュにおける子どもの社会化　10月号
5月23日　西尾一知衛　アメリカにおける中国研究の現状
6月20日　前田惠學　スリランカ上座仏教調査
7月25日　上田はる　コロンボ日本人学校――スリランカの教育をみて　八二年1月号
9月26日　山本郁郎　インドネシアの都市化

10月31日　モンテ・カシム　スリランカの都市化
12月12日　戸谷　修　スリランカの村落と家族　八四年10月号

一九八二（S57）

2月20日　石川賢作　シンガポール華人社会の構造的変動　八二年9月号
4月10日　楊　合義　中共の華僑政策――とくに東南アジアを中心に
6月26日　金　日坤　韓国の社会組織原理――儒教・仏教の韓日比較　10月号
8月7日　渡辺行郎　現代の発展途上国の開発戦略と教育　八三年2月号
12月4日　佐藤信雄　スリランカにおける学校教育の現状
槻木瑞生　フィリピンの学校教育
石川賢作　シンガポールにおける国内統合とバイリンガリズム

一九八三（S58）

2月5日　戸谷　修　複合民族国家マレーシアにおける教育政策の展開とその課題　八三年4月号

4月16日　黒柳晴夫　インドネシアの教育
9月10日　サイエド・M・ムルトザ　バングラデシュのイスラム教の宗教教育
12月3日　重松伸司　インド移民の満月祭
　　　　石川賢作　マレーシア・シンガポール華人の対日観　八四年3月号

一九八四（S59）

3月17日　槻木瑞生　フィリピンの学校教育体系と教科書
6月9日　大岩　碩　シンハラ高地村落の成育儀礼

一九八五（S60）

4月27日　吉原和男　バンコク華人社会の民衆教団
6月22日　山本郁郎　東南アジアを見る目――二つの雑誌を中心に
9月21日　塚本玲子　東南アジアの織物
11月28日　石川賢作　中国の「現代化」政策と民衆　八六年2月号

一九八六（S61）

3月15日　黒柳晴夫　中部ジャワ農村の家族と村落構造
5月31日　神谷信明　日本およびスリランカの学生の〝宗教意識調査〟について
八六年11月号
9月20日　村上公敏　フィリピンの政治文化
11月8日　山本郁郎　ジャカルタ機械産業の人材育成方式について

一九八七（S62）

4月25日　上田はる　石井米雄著『東南アジア世界の形成』を中心に
新しい東南アジア像を探る
6月27日　馬場雄司　雲南シプソンパンナ王国の構造について
8月10日　田口純一　外国人留学生の増加と多様化がもたらす文化摩擦
9月26日　木村英憲　ベトナム戦争時における異文化に対する非寛容

一九八八（S63）

1月30日　サイエド・M・ムルトザ　マレーシアのイスラム化運動とブミプトラ政策
4月23日　伊東利勝　ビルマの農耕文化について
7月2日　池田年穂　スリランカ低地の農村
9月24日　向井清史　沖縄農業の発達過程

一九八九（H元）

2月4日　馬場雄司　ブータンの民間儀礼——新築儀礼を中心に——
4月22日　重松伸司　民衆史・社会史・サバルタン研究
9月9日　島　岩　スリランカにおける都市化と仏教の変容

一九九〇（H2）

6月16日　サイエド・M・ムルトザ　ブミプトラ政策における
インド系イスラム教徒住民の変容

9月1日　黒柳晴夫　ジャワ農村の家族と婚姻慣行

一九九一（H3）

9月15日　杉本良男　スリランカと南インドの交流と対立　九二年2月号
11月16日　馬場雄司　北タイ、タイ・ルー族の守護霊儀礼とその背景

一九九三（H5）

1月30日　武笠俊一　タイ農村における村と文化
4月3日　村上公敏　フィリピンのスペイン化・カトリック教化における用語の問題
7月10日　大岩　碩　スリランカ・シンハラ高地農村での一年——再生とニワナ
12月4日　高岡秀暢　ネパールの文化保全と言語

一九九四（H6）

2月26日　吉田竹也　バリにおけるヒンドゥの変容
4月2日　前田惠學　ヴェトナムを訪れて——学術会議の派遣にて

7月9日　戸谷　修　沖縄の産業構造とその変化
9月17日　魯　富子　韓国の同族結合について
10月22日　五十嵐真子　現代台湾・漢族の宗教
11月18日　伊藤利行　イスラエルの社会と宗教

一九九五（H7）

4月15日　川崎一平　パプア・ニューギニア社会のいま
7月15日　王国勲　中国・大連の市場経済化とホワイトカラーの形成
11月4日　三宅郁子　マレーシアにおける言語問題
——多民族国家における言語とその政策
12月10日　戸谷　修　中部ジャワ村落社会とその変化・ジャワ農村の二十年

アジア・エートス研究会編著の刊行物

(一)『アジア近代化の研究――精神構造を中心として』

（一九六九年　御茶の水書房）

この編著は現地調査（一九六五年）の研究成果報告書という形をとっているが、フィールド・ワークに多くみられるこまかい事実の記述ではない。アジア諸地域の近代化とはどのようなものであるか、そこにみられるエートスとはどのようなものであり、それはどのように再生産されているかを調査対象地域をマレーシアとセイロン（スリランカ）に求め、きわめて理論的な意識に支えられて編んだものである。したがって、個々人の論文も、それぞれの担当部分のものとはいえ、先に述べた問題視点の解明に焦点を絞っている。序章赤沢論文では第二次世界大戦後の近代化の諸理論を整理し、低開発国近代化論、国家資本主義論、新植民地主義論などそれぞれの欠陥を鋭く指摘している。そのあと、それぞれの章においてマレーシア、セイロンにおける国民国家形成後の国民統合の難しさを政治、経済、社会、意識、言語、宗教、教育の各面にわたって検討し、コミュナリズムの克服への展望を示している。

〔目次〕

㈡『アジアの近代化における伝統的価値意識の研究
――インドネシアとフィリピン　その村落調査を中心に』

（一九七八年　山喜房佛書林）

マレーシア、スリランカの調査研究を終え、アジア諸地域の比較研究を深めるため、東南アジア島嶼部地域のインドネシアとフィリピンの現地調査（一九七四〜一九七五年）を行なった調査報告書である。それぞれの国の近代化を独自なものとさせている伝統的価値意識と、それを再生産してきた村落社会の家族・親族、宗教、村落共同体の構造に焦点を絞ったものである。インドネシアでは、その事例として中部ジャワの農村・スレマン地域のイスラム村落であるトリハルジョ村スチャン集落、ボコハルジョ村ガタック集落を、またバリでは、ヒンドゥ教の村落、プナティ村アンガバヤ集落を調査対象にしている。また、フィリピンでは中部ルソンのタルラック諸地域とミンダナオ・ダバオ地域を中心に詳細な村落調査を行なっている。

〔目次〕

リア高校生へのアンケートから　村上公敏
第三章　フィリピン農山村の習俗　山田英世
第四章　フィリピンの歴史的風土　池田長三郎
第三編　年表――インドネシアとフィリピン　神谷信明・槻木瑞生
あとがき

㈢『アジアの近代化と伝統文化』
山本達郎・衛藤瀋吉監修『叢書　アジアにおける文化摩擦』の一冊
（一九八二年　巌南堂書店）

特定研究「文化摩擦」の研究が一九七七年度から三カ年間行なわれた。この特定研究は衛藤瀋吉先生を代表として、わが国の経済学、政治学、社会学、文化人類学、宗教学など、様々な研究分野からアジア諸地域の研究者を集めて行なわれたものである。この特定研究は十七の研究チームが参加したが、アジア・エートス研究会もそのうちの一つのチームとして参加した。われわれは、自国と他国との文化摩擦とともに、もう一つ、複合民族国家のなかでの異なった人種（種族）間の摩擦・対立も重視し、これらの研究課題の解明に努めた。この編著は、特定研究「文化摩擦」においてわれわれの研究会が行なった研究成果であるが、この編著では、アジア・エートス研究会が発足した頃の研究メンバーのほか、一九七〇年代後半以降研究会に加わった若い研究者たちの研究成果も多い。

〔目次〕

仏教における文化摩擦の問題——日本仏教を中心として　前田惠學
あとがき　池田長三郎

(四)『インタヴュー記録・在沖縄中国系住民の生活意識——文化接触の視点から』

特定研究「文化摩擦」一九八一年

聞き手　戸谷　修・重松伸司
協力者　石川賢作・吉原和男

特定研究「文化摩擦」のプロジェクトで数十冊のインタヴュー記録が作成されたが、このインタヴュー記録はそのうちの一冊である。一九七九年三月、「沖縄における戦後文化と文化摩擦」というテーマで、当時、沖縄に定住していた中国系住民の生活意識について行なったインタヴューと一九七九年十二月、「沖縄における土着文化と中国文化との融合およびその過程」というテーマで行なったインタヴューの主なものを収めたものである。後者のインタヴューは、先に行なった調査によって得られたインタヴュー資料ならびに収集文献に基づいて行なったもので、中国系住民の沖縄への移住・定着過程を歴史的にたどり、一つは十四世紀の終わりごろ、冊封体制を支える目的で沖縄へ移住し、明王朝の滅亡の過程で次第に定着していった中国福建人の子孫である梁・蔡・金・鄭・毛・林氏らの家族を対象に行なったもの、もう一つは第二次世界大戦後、沖縄がアメリカの占領下におかれたとき、技術導入や外資導入という目的で移住してきた方々の家族を対象に行なったものである。彼らは自らの文化のどのような側面を維持・存続させているか、また異文化と接触するなかで、どのような側面を変容させ、同化させているかを捉えようとしたものである。アジア諸地域の華僑社会を、それぞれの国々で調査を積み重ねるならば、文化接触や文化摩擦に伴ういくつかの理論的諸問題にも応えられるのではないかと考えて計画したものであった。沖縄だけの調査に終わってしまったのが、いまでも心残りとなっている。

〔目次〕

1、インタヴュー記録のねらい
2、インタヴュー対象者の紹介
3、インタヴュー
(1) 仲井真元楷氏（蔡氏門中の中心的な方）
(2) 国吉有慶氏（梁氏門中の会長、久米崇聖会理事長）

(3) 具志堅以徳氏（金氏門中の中心的な方）
(4) 国吉有慶氏
(5) 八木明徳氏（鄭氏門中の会長）
(6) 中山一士氏（一九六〇年台湾から移住）
(7) 許田錦文氏（　〃　）

(五)『発展途上国における社会変動と教育の比較研究』

（一九八三年　ユニテ）

アジア・エートス研究会の中に「発展途上国における社会変動と教育の比較研究」というプロジェクトを組織し、そのメンバーによる研究成果である。この研究プロジェクトの研究代表者は、佐藤信雄先生で十名程度のメンバーで行なった。この研究では、文部省科研総合研究(A)を受け、一九八〇年から三カ年間、かつてアジア・エートス研究会が現地調査を行なってきたマレーシア、シンガポール、インドネシア、フィリピン、スリランカを事例として、社会変動との関連でそれぞれの地域にみられる教育の状況を比較研究したものである。この研究報告書では、それぞれの国の詳細な教育統計資料を多量に掲載している。

〔目次〕

㈥『東南アジアの社会変動と教育』（一九八六年　第一法規）

アジア・エートス研究会が、設立から二十年間追究してきた主要課題は、東南アジア諸地域の近代化を伝統的価値意識との関連で考察してきたものであった。われわれ研究会では、きわめて重要な問題であると考えながらも直接には手のつけなかったそれぞれの地域の教育の問題を、当該地域に生きている人々の国民意識に関わるものと位置づけ、その解明を試みたものである。この編著では、『発展途上国における社会変動と教育の比較研究』を担った研究メンバーのほか、スリランカの教育に詳しい上田はるさんとバングラデシュ出身のサイエド・M・ムルトザさんに執筆メンバーに加わってもらって、フィリピン、マレーシア、シンガポール、インドネシア、バングラデシュ、スリランカにおける社会変動に伴うそれぞれの国家での教育政策の推移、現在の教育の現状を明らかにしたものである。

〔目次〕

第一章　東南アジアにおける教育と近代化の課題　槻木瑞生
第二章　フィリピン・一九七〇年代の公教育　槻木瑞生
第三章　マレーシア・複合社会と教育の課題　戸谷　修
第四章　シンガポール・華人国家としての生存と二言語教育　石川賢作
第五章　インドネシア・学校制度の発展と国民的統合教育の展開　黒柳晴夫
第六章　バングラデシュ・学校教育の現状とイスラーム教育　サイエド・M・ムルトザ
第七章　スリランカ・教育の現状と課題　上田はる
第八章　スリランカにおける宗教教育　大岩　碩
第九章　東南アジアにおける開発政策の展開と社会変動　山本郁郎
あとがき

(七)　『現代スリランカの上座仏教』
（一九八六年　山喜房佛書林）

前田惠學先生によるこの編著は、スリランカを研究対象として当地域に生きている現代仏教の全体像を明らかにしたものである。とりわけ、この編著は事例をスリランカ仏教に絞っているが、本来のねらいは、現代仏教に対して総合的な観点から本格的に取りくんでこなかった従来の仏教学への厳しい反省が込められているものだけに、きわめて鮮明な問題意識に支えられた構成になっている。この編著は現代仏教を研究する意義を明確にし、仏教学を主軸として社会学・文化人類学・教育学など、さまざまな研究分野との学際的手法によって、現代スリランカ社会における仏教の実態を現地調査をふまえて詳細に把握・分析しその全体像を解明している。いままでの仏教学は文献学的に教理を研究することが一般的であったが、この編著では、仏教が現代のスリランカ社会の中で、どのような役割を果たしているかその実像を学際的方法で明らかにしているだけに、わが国はいうまでもなく、国際的にもその成果は高く評価されている。

なお、この研究調査は、いくたびかの文部省科研費（海外調査を含む）ならびに一九八三年度朝日学術奨励金を得ておこなわれたものである。

〔目次〕

(八) *Asian Modernization : Studies Focused on Mental Aspects—Malaysia and Ceylon.*

(Ochanomizu Publishing Co., Tokyo 1970)

〔Contents〕

I Malaysia

1. The Socio-economic Bases of Malaysian Communalism and Its Conquest ....Osamu TOTANI
2. National Unity and the Structure of Party Politics in Malaysia ....Kimitoshi MURAKAMI
3. The Mentality of Malays in Malaysia and the National Language Problem ....Kenkichi KAMEYAMA
4. On State Religion in Malaya ....Bun'ichi TERADA
5. Educational Reforms in the Federation of Malaysia ....Tadayoshi ITO

II Ceylon

6. Deformed Importation of Western Ideals: Social and Political Ideas of the Late Mr. Bandaranaike ....Yoshio NAGAI
7. The Ancient Sinhalese Mind Structure and Some Problems of Modernization in Ceylon ....Hideyo YAMADA
8. The Particular Response of Sinhalese Buddhists to Modernization in Ceylon ....Egaku MAYEDA
9. The Language Issue in Ceylon ....Teishu ISHII
10. Modernization of Education in Ceylon ....Nobuo SATO

㈨ *Traditional Ethos and Asian Modernization — Indonesia and the Philippines.*

(Fujitagakuen University of Medicine, Nagoya 1976)

〔Contents〕

4. Data: The General Situation of Kabupaten Sleman ....contributed by A.B. Oemar, in co-operation with Drs. Moh. Idris A. Kesuma and Drs. A. Djohar

II The Philippines

1. Ethos of the Philippines: A Study of Barrios in Tarlac Pvovince ....Chozaburo IKEDA
2. The Barrio Community as a Cooperative Entity in Central Luzon ....Kimitoshi MURAKAMI
3. Customs around Victoria Town ....Hideyo YAMADA

㈩ *Contemporary Buddhism in Sinhalese Society.*

(Ed. by Egaku MAYEDA, Nagoya 1982)

〔Contents〕

1. The Situation and Role of Theravāda Buddhism in Sinhalese Society ....Egaku MAYEDA
2. Family and Kinship Structures in Sinhalese Villages: The Case of Ūrāpola Gama in Kandy District ....Osamu TOTANI

あとがき

『アジア・エートス研究会――その四十年の軌跡』の「あとがき」を書くことは実に心淋しいことである。

昨年五月十七日、研究会会長　前田惠學先生をはじめ設立の頃からのメンバーが集まって、研究会の活動が難しくなっている現状について語り合い、研究会を今後どのようにしたらよいものかを検討した。その結果、このさい閉じたほうがよいのではないかということになった。このような結論になったのは、現在のような状態が続くならば、早晩自然消滅してしまうだろうし、それでは亡くなられた先輩の先生方にも申し訳ないことになるので、まだいくらか余力のある間に研究会を閉じたほうがよいのではないかということだった。そして研究会四十年の足跡を記録に留めた小冊子を作成しておこうということに決まった。この小冊子の刊行を「あるむ」が引き受けてくださることになったので、六月中旬、研究会に関わった方々へ、研究会での思い出ないしは自分が関わってきているアジア諸地域でのエッセイを書いていただくよう依頼した。本来ならば、この小冊子は昨年十一月頃刊行することになっていたが遅くなってしまった。漸く本年五月十八日に行なう「お開きの会」で小冊子をお渡しできることとなった。

この小冊子には、研究会の歩み、思い出の記、毎回行なってきた定例研究会の記録、研究会が公刊してきた刊行物一覧などが盛り込まれている。昨年十一月、編集作業に入って約半年間を経て刊行のはこびとなった。いま、小冊子の校正刷を読んでみると、研究会に集い、現地調査に打ち込んだ過ぎた日々が、一人ひとりの面影と重なりあってなつかしく思い出される。また、この記録は二十世紀後半のわが国の知の集団の歩みを鮮明に投影しているようにも思われる。

ふりかえってみると、研究会が設立されて閉じるまでのこの四十年は激動の時代であった。私たちが初めて現地調査で訪れた頃の発展途上国はいずれも伝統社会の性格を色濃く残していたが、この四十年の間に外から観るかぎり、すっかり変ってしまった。その間、研究対象としてきたアジア諸国も、わが国を見つめる眼差しに大きな変化がみられるようになってきている。二十年前、日本や韓国の工業化をモデルとする「ルック・イースト」政策を唱えたマハティール首相が、昨年十月クアラルンプールで開かれた経済フォーラムで日本に対する意見を求められたとき、彼は日本の現状について「今も日本に注目してはいるが、〝ルック・イースト〟といっても、もはや目標としてではなく失敗を繰り返さないための〝反面教師〟としてだ」と述べている。このことばはアジア諸国のリーダーたちの日本に対する現在の評価をもっとも端的に表わしているように思われる。アジアに対する日本の存在感を過大に評価しているのはわが国のリーダーだけかも知れない。

生成したものはいつかは消えていかざるを得ないという摂理からいえば、著しい変動の四十年間に一定の成果をあげて研究会を閉じる日を迎えることのできたことはありがたいことかもしれない。出来あがった小冊子が、研究会に集まってさまざまなプロジェクトを行なってきた一人ひとりの心の中に、ありし日の証《あかし》として残っていくならば、編集に携わったものにとって望外の喜びである。

最後に、この冊子の刊行にご尽力をいただいた株式会社あるむ社長川角信夫氏に心からお礼を申しあげたい。

二〇〇三年三月一日

アジア・エートス研究会

アジア・エートス研究会――その四十年の軌跡

2003年5月18日　発行

編集＝アジア・エートス研究会©

発行＝株式会社 あるむ
〒460-0012 名古屋市中区千代田3-1-12　第三記念橋ビル
Tel. 052-332-0861　Fax. 052-332-0862
http://www.arm-p.co.jp　E-mail: arm@a.email.ne.jp
印刷＝松西印刷　　製本＝㈱渋谷文泉閣

ISBN4-901095-41-2　C0030